Roland Marthaler

DAS GROSSE GEHEIMNIS DER EIGENLIEBE
Eine Allerwelts-Biographie

Roland Marthaler

DAS GROSSE GEHEIMNIS DER EIGENLIEBE

Eine Allerwelts-Biographie

Stämpfli Verlag

Impressum

Bibliografische Information der Deutschen Nationalbibliothek:
www.dnb.de.

© Stämpfli Verlag AG, Bern, www.staempfliverlag.com • 2018

Gestaltung und Satz:	Stephan Cuber, diaphan gestaltung, Bern
Lektorat/Korrektorat:	Uwe Gurlt, Dettingen (D)
Verwendete Schriften:	Adobe Garamond Pro
Papier:	Umschlag, 135g/m², Bilderdruck matt, holzfrei; Inhalt, 90g/m², Werkdruck bläulich-weiss, 1,75-fach, holzfrei

ISBN 978-3-7272-6033-9
Printed in Germany

Für

IRINA MARIA GRIGORIEWA

Sie haben mich nach der Natur des wahren Menschen gefragt und als Antwort haben wir Ihr Leben betrachtet. Als Kind waren Sie voller Musik und vermochten nicht sie zu greifen. Sie haben Ihr Leben in ihren Dienst gestellt. Sie studierten Gesetze, sangen, dirigierten und spielten Klavier, arbeiteten und übten, überwanden Hemmnis, Unwissen und menschliche Schwächen, und im Wellenspiel von Leid und Freude, offenbarte sich Ihnen immer deutlicher das Wesen der Musik. Was im Kind schon gewesen, sind Sie selber geworden: Musik. In eben der Weise erfahr' ich des Menschen wahre Natur: Was im Anfang schon war, muss er selber nun werden: Liebe.

R. M.

INHALT

I. TEIL   ZU DIESEM BUCH 11

    Eine farbige Einführung 13

    Ein biographiles Vorwort 21

    Die Bliobithek 21

    Beschränktheit 25

    Kindertraum 28

    Unverstand 30

II. TEIL   DAS EIGENE 33

    Licht und Finsternis 35

    Eigenliebe als Eitelkeit 39
    Das Versinken des Lebens 39

    Das Denken 48

    Eigenliebe als Lebenskraft 61
    Die Erhebung 61
    Die Verminderung des Eigenen 69

    Die Liebe als Licht des Eigenen 74

    Das Hin und Her der Kräfte 77

III. TEIL DIE LIEBE 87

Die Liebe 89

Die Liebestat 95

Die Liebeskraft 98

Die Geliebten 108

Die Nacktheit 118

Die Sexualität 121

IV. TEIL DIE LIEBE UND DAS EIGENE 131

Der Schlaf 135

Vom Mittelalter 141

Das Erwachen 145

*Von der Renaissance und der
französischen Revolution* 150

Die Liebe im Eigenen 160

Das Geheimnis 169

Nachweis der Zitate 183

Vom gleichen Autor 193

... und das Leben war das Licht der Menschen.
Und das Licht scheint in der Finsternis,
und die Finsternis hat's nicht ergriffen.

Johannes 1, 4-5

I. TEIL
ZU DIESEM BUCH

Greift nur hinein ins volle Menschenleben!
Ein jeder lebt's, nicht vielen ist's bekannt,
Und wo ihr's packt, da ist's interessant.

J. W. von Goethe Faust I, Vorspiel auf dem Theater

EINE FARBIGE EINFÜHRUNG

Licht und Finsternis sind die grossen Antipoden menschlichen Daseins.

Oben das Licht, unten die Finsternis und im mittleren Bereich das horizontale Lichtspiel der Farbenskala. Reines Licht, verborgenes Licht und zerstückeltes Licht, Weltenzauber. Rot ist rot, weil Blau und Gelb (Grün) ihm fehlen. Gelb ist gelb weil es nicht mit Rot und Blau verschmolzen ist. Desgleichen Rot und Blau. In ihrem Unterschiedensein sind sie Zeugnis des ungebrochenen, reinen Lichtes, von dem sie Teile sind und durch das sie leben. In ihrem Getrenntsein offenbaren sie dem irdischen Auge *eine* sichtbare Schwingung des unsichtbaren Lichtes. Alles Sichtbare existiert auf Grund dessen, was ihm fehlt. Alles Persönliche ist herausgebrochener Teil eines Ganzen. Bezogen auf das Licht sind alle Farben graduelle Finsternis. In der Schwärze ist die intensivste Verdichtung, die grösste Lichtverdunkelung, und es sind hier weder Farben noch Licht zu erkennen.

Wo ist das Licht?

EINE FARBIGE EINFÜHRUNG

Hier ist es notwendig, das Wesen von Licht und Finsternis näher zu betrachten. Ihr stets sich wandelndes Verhältnis zueinander gebiert den Rhythmus und die Poesie der Weltgeschichte. Das Licht ermöglicht die Finsternis, damit diese von ihm zeuge. Das Licht verbirgt sich in der Finsternis, ohne dass diese es jemals auslöschen könnte …, denn dem Licht verdankt die Finsternis ihr Sein. Das bedeutet: Das eine ist Wirklichkeit, nämlich das Licht, das andere aber vergänglicher Schein, die Finsternis! Das Licht löst jede Dunkelheit auf, sobald es diese berührt; der Schatten aber, wenn er dem Lichte nahe kommt, verwandelt sich in Licht. Das Licht erlöst die Finsternis.

Licht ist Wahrheit.

Finsternis ist Täuschung.

Kehren wir zu unseren Farben zurück. Sie sind nicht Finsternis an sich, sondern Lichtaspekte, das heisst, von der Einheit getrennte Lichtteilchen. Es stellt sich die Frage: Was muss geschehen, damit Rot wieder Licht wird? Anders gefragt: Wie kann das Teilchen sich dem Ganzen wieder einen?

Aus dem vorher Gesagten ist die Antwort leicht zu finden. Es muss entweder seine Eigenheit, nämlich Rot, aufgeben und als Rot erlöschen, und es wird sich farblos, als Licht im Lichte, wiederfinden. Das ist eine kaum vorstellbare mystische Tat, die wir in den Gebetsworten wiederfinden: *Nimm alles von mir, was nicht Du bist!*[1] Das Eigene, das sterbliche Leben, wird dem Unsterblichen geopfert. Die Voraussetzung dazu ist wohl jener erste Teil des grossen Gebotes: *Liebe Gott über alles.*[2] Das Untere wird hier dem Oberen verbunden und löst sich in ihm auf.

Die andere Möglichkeit besteht darin, dass sich das Rot dem Grünen und das Grün dem Roten (Komplementärfarben) eint. Aus zwei wird dadurch wieder eins im Licht! Dem Liebenkönnen des unsichtbaren Gottes geht hier die Liebe zu den sichtbaren Einzelteilen voraus. Unschwer erkennen wir hierin den Folgesatz des grossen Gebotes ... *und deinen Nächsten wie dich selbst.*[3]

Was ist geschehen?

Wir wissen, dass weisses Licht in Rot als Rot lebendig ist, in Grün als Grün und desgleichen in allen anderen Farben. Das Licht hat sich gebrochen und zerstückelt und den Farben zuliebe geopfert. Erst durch die Verschmelzung dieser Farben wird die Zerstückelung rückgängig gemacht, die verlorenen Teile wieder eingesammelt (*), die Trennung aufgehoben und das weisse Licht wieder hergestellt. Jetzt ist es wieder, was es immer gewesen und doch durch die, als Farben gesammelten, Erfahrungen reicher.

Reines Licht.

Licht ist Liebe!

Die Wege der Liebe sind die Wege ins Licht.

***

Anstelle der Farben, oder anderer Formen des Getrenntseins vom Ganzen, setzen wir nun das *Eigene*, das Eigenartige, das einzigartig ist. Das Eigene eines Menschen ist seine einmalige, irdische Persönlichkeit, ein herausgeschnittenes, lebendiges Lichtteilchen in der Welt.[4]

Das *Eigene* ist die Finsternis, die begrenzt; die *Liebe* ist das Licht, das auflöst.

---

* Man kommt hier nicht umhin, an die mythologischen Motive der Zerstückelung und Auferstehung eines Gottes zu denken, an *Dionysos* zum Beispiel, an *Osiris* usw. Auch die Prozesse der *separatio* in der Alchemie sollen hier nicht unerwähnt sein; und die Nacht, die die Sonne verschlingt und scheinbar tötet; und die zahlreichen Märchen und Mythen und Mysterien, wo Totes wieder lebendig wird.

EINE FARBIGE EINFÜHRUNG

Die *Eigenliebe,* in ihren Dichtigkeitsgraden, ist der Zustand des gefallenen, wie auch des sich wieder aufrichtenden Menschen.

Das Eigene ist das Begrenzte, seine Aufgabe ist die Ent-grenzung, die allmähliche Hingabe an das Unbegrenzte, das sein Ursprung ist. Das Bewusstsein entbindet sich aus der Identität mit seiner sterblichen Beschränkung und richtet sich nach dem Unsterblichen, von dem in der Welt die Weisheit, die Kunst und die Liebe zeugen. Eine gnadenreiche Stunde wird dieses Bewusstsein einst erleuchten; und es wird sich augeben in diesem Licht – ohne sich zu verlieren! Aus einem Erdenkind ist ein Götterkind wiedergeboren.

***

Der Weg zu dieser Wiedergeburt ist das Schicksal: Ereignisse und Erkenntnisse. Die Ereignisse mögen sich tausendfach von Mensch zu Mensch unterscheiden, die Erkenntnisse aber, die sich in jeder Seele, zu der ihr gemässen Zeit, in Bewusstsein wandeln, sind immer dieselben.

Das Bewusstsein muss erkennen, was Finsternis ist: *das Eigene*, das Vergängliche, der Tod.

EINE FARBIGE EINFÜHRUNG

Das Bewusstsein muss erkennen, was Licht ist: *die Liebe*, das Unsterbliche, das Leben.

Jede begrenzte Liebe ist Licht *und* Finsternis. Wer das Eigene liebt – und lieben kann er nur kraft der Liebe, die in ihm ist! –, liebt vermittels des in ihm gefangenen Lichtes und weiss es nicht ... und *muss* es doch einmal erkennen, um wahrhaft Mensch zu werden. Mit dem Eigenen, mit seiner persönlichen Eigenheit, muss der Mensch (*) nach dem Sinn des Lebens suchen. Das Schicksal wird ihn führen, seine Eigenheit wird sich wandeln.

Der Vollständigkeit halber sei hier noch aufgeführt, dass Rot im Umfeld von Schwarz anders erscheint, als im Umfeld von Gelb und dies gilt für alle Farben und Farbzusammenstellungen; ebenso in der Musik: ein *Fis* kann auch ein *Ges* sein, und auch Worte klingen anders, entsprechend dem Kontext, in dem sie gesprochen sind. Ebenso facettenreich erscheint die Eigenheit des Menschen dem Umfeld gemäss, in dem er atmet.

Wir erkennen: Die Ereignisse unterscheiden sich und trennen die Menschen; die Erkenntnisse

---

* Der Mensch, das ist ein Seelenzustand in einem Geisteslicht, das Liebe ist und Leben.

des Wahren unterscheiden sich nicht und einen die Geister.

Jede wahre Erkenntnis ist ein Stück Licht, ein Stück Wahrheit[5], ein Stück Erlösung aus der Begrenztheit, ist Erhebung, ist ein bisschen weniger Eigenes und ein bisschen mehr Liebe.

Die wahre geistige Höhe eines Menschen ist immer identisch mit der Kraft seiner Liebesfähigkeit.

Die Geisteskraft ist der Liebeszauber des Männlichen.

Die Liebeskraft ist der Geisteszauber des Weiblichen.

Es ist die Lichtflut, die das sterbliche Eigene durchlichtet und das ewig Eigentliche, um das sich alles dreht, erweckt: die Liebe ... auf dass Rot und Gelb und Blau, diese drei, wieder eins sind im Licht.

La Sage und Vufflens-le-Château

Januar 2018

EIN BIOGRAPHILES VORWORT

DIE BLIOBITHEK

Meine Erinnerung führt mich zurück in die Vergangenheit, während die Erkenntnis mich gleichzeitig in die Zukunft führen will, und sie umarmen sich in meiner Gegenwart.

Noch kaum ein Jahrzehnt lebte ich im Zaubergarten der Welt, und schon fand ich mich in einer Bildungsinstitution. Man lehrte mich Vieles, schenkte mir Wissen, regte meine Interessen an und eine geistige Arbeitsweise, und ich nahm das mir Mögliche unbelastet und dankbar auf. Ich ging gern in die Schule und freute mich auf immer Neues. Man öffnete mir viele Türen, und ich trat als Schüler ein in die gelehrten Räume, die ich immer besser kennen lernte. Eines Tages jedoch entdeckte ich eine verschlossene Tür in unserem Schulhaus. In dem Masse, wie sie mich verwirrte, zog sie mich mit stillen Kräften an. Auf dem, über dem Türrahmen angebrachten, weissen Schild stand ein von mir nie gehörtes Wort, und in meinem Unverstand las ich: *Bliobithek*. Diese, mir unbegreifliche Buchstabenfolge erregte nun meine Neugierde ganz gewaltig. Unbegreiflich war mir der Sinn, den dieser Name in sich barg, und so ahnte ich auch nicht, was sich hinter der Schwelle wohl verbergen mochte. Ich sehnte mich – damals schon – zu wissen und durchwanderte den Gang dieses Stockwerkes unzählige Male, in der Hoffnung, einen Blick hinter den Schleier zu werfen. Stumm und geschlossen, wie ein unbeweglicher Soldat im Glied, schwieg die Tür, während sich ihre Schwestern der anliegenden Schulzimmer im langen Gang zu gewohnten Stunden geräuschvoll öffneten und wieder schlossen, um sich neu zu öffnen. Diese eine unbewegliche Tür mit dem geheimnisvollen Schild, das war meine Entdeckung, über die ich mit keinem Menschen sprach, und ich freute mich an ihr, lange bevor sie sich mir auftat. Eines Nachmittags war es dann soweit. Ein breiter, heller Lichtschein umrahmte die Tür. Ich ging mit verhaltenem Schritt und in gespannter Haltung auf diese zu, stiess sie sanft mit meiner Hand und erblickte – das war nun wenig erstaunlich – einen Lehrer an einem Lehrerpult. Doch vor ihm – das hingegen war für mich ungewohnt und faszinierend – sah ich weder Schulbänke noch Schüler, sondern Bücher, Bücher, Bücher, tausende, so kam's mir vor. Sprachlos stand ich auf der Schwelle und beobachtete, was geschah. Hinter einem der Gestelle, zwei Bücher in der Hand, trat ein älterer Schüler hervor, begab sich zum Lehrer und zeigte ihm die Bücher. Dieser legte sie vor sich auf den Tisch, erkundigte sich nach dem Namen des Schülers, zog eine Karte aus einem Holzkasten, vermerkte die Buchtitel und gab dem Schüler die Bücher zurück. Hierauf verliess dieser das Zimmer und verschwand, mich beiseite schiebend, im Schulgang. Einen Moment noch blieb ich stehen, bevor ich mutig die Schwelle überschritt und im Gehen noch den Lehrer nach dem Eigner dieser unzählbaren Bücher fragte. Nun war es an ihm zu staunen. Lächelnd schaute er mich an – ich war im Stehen so gross wie er im Sitzen – und freundlich war seine Stimme, als er sagte:

- Das ist unsere Bibliothek.

Das also war das Wort, das mir bisher unbekannte, das ich hier zum ersten Mal vernahm. Ich schloss daraus, dass der aufregende Schatz dieser unzähligen Schriften mit diesem fremden Wort zusammenhing, fragte aber nicht weiter.

EIN BIOGRAPHILES VORWORT

- Du kannst, so fuhr der Lehrer fort zu sprechen, dir für fünfzig Rappen während eines Semesters von diesen Büchern so viele leihen, wie du wünschest.

Weihnachten!, dachte es in mir, und die fünfzig Rappen entsprachen damals gerade meinem wöchentlichen Taschengeld.

- Morgen, morgen will ich Ihnen das Geld bringen, darf ich heute schon die Bücher sehen?

Natürlich ward mir dies erlaubt, und wie einst Ali Baba durchwanderte ich die engen Büchergänge, bestaunte das Gefundene und bemerkte erst jetzt, dass auch noch andere Schüler mit mir in diesem Schatzhaus waren.

So öffnete sich mir die erste verschlossene Tür im Leben und führte mich ins Reich der Buchstaben und des Geistes. Geschichten las ich zuerst und dann Gedichte. Einmal, ich erinnere mich, als wäre es gestern gewesen, legte ich mein gesamtes Taschengeld auf des Lehrers Tisch und erstand dafür einen ausgedienten und zum Verkauf angebotenen Gedichtband. *Der Panther*[6], von R.M. Rilke, fand sich darinnen und berührte mich in ungeheurem Masse. Ich lernte ihn auswendig – ungefragt –, und er war mir ein starkes, heilendes Elixier meiner frühen Jugend. Hier, in diesem Gedicht, fand sich, was ich erst viel später erkannte: das Gefängnis des Eigenen, das sich, meinem jugendlichen Alter gemäss, gerade in dieser Zeit stark festigte und mich, kaum dass ich es gewahrte, von so vielem ausschloss! Ich war kein einfaches Kind, ich war immer auf der Suche nach etwas, von dem ich wusste, dass es ist, und von dem ich fühlte, dass es sich mir immerfort entzog. Etwas, das ich nicht finden konnte, nicht einmal eine verschlossene Tür, geschweige denn ein Dahinterliegendes. Noch war damals die Zeit nicht reif! Die Bücher, vor der Musik, waren meine ersten geistigen Brüder, die mich zu mir selber führen wollten, zu meinem eigenen Sein und Leben. Später, viel später erst führten sie mich, gemeinsam mit der Musik, der Weisheit und allem, was Museen wertvoll macht, aus mir selbst heraus zu Grösserem, als was ich damals war.

BESCHRÄNKTHEIT

Diese Bliobithek-Geschichte war übrigens nicht die einzige, in der ein Fremdwort mir begegnete – ich kannte damals weder fremde Sprachen noch fremde Worte –, und jedes Entdecken von Ungewohntem, Unbekanntem erfüllte mich mit Freude auf Kommendes.

In der Zeit, von der ich eben schreibe, starb mein Grossvater, und es ward mir ein freier Tag zur Totenfeier zugesagt. Als ich am Vortag das Schulzimmer verliess, trat mein damaliger Lehrer auf mich zu, nahm meine kleine Hand in die seine und sprach mit gerührtem Blick:

- Ich kondoliere.

Das war nun eine für mich merkwürdige Tonfolge. Mein erster Gedanke war, er hätte mich mit einem ‹ich gratuliere› zu meinem unverdienten freien Tag beglückwünscht. Ich spürte den Impuls zu lächeln, doch aus unerklärlichem Grunde schien's mir doch nicht angebracht, denn ein Verstandeszweifel regte sich in meinem Geist. Solch unbegründete Vorbehalte haben mir auch später vieles erleichtert, da ich die Tatsache meiner geistigen Begrenztheit immer im Auge hatte. Meine eigene, nicht die der anderen! Noch wenn ich meiner Sache scheinbar sicher war, vergass ich doch darüber nicht, dass ich vielleicht etwas übersehen hatte.

Hier noch ein anderes Beispiel. Die Sommerferien verbrachte ich jeweils mit meinen Brüdern und Eltern an der italienischen Mittelmeerküste. In der Hitze der Tage, so erinnere ich mich – und so schrieb ich es nieder in dem obligaten Schulaufsatz ‹Meine Ferien› –, schritt zu unterschiedlichen Stunden ein barfüssiger Mann im heissen Sand an den Badegästen vorüber. Er schritt mit einem schweren, eisgekühlten Kasten, den er mit einem starken Riemen quer über die Schultern auf dem Bauche trug, und rief frohgemut auf Käufer hoffend:

- Gelati *mocca*, gelati *mocca*!

So sicher habe ich es gehört – denn was hätte er denn anderes sagen sollen! – und so sicher hatte ich es in besagtem Aufsatz wiedergegeben ... und so sicher hat's mein Lehrer korrigiert und in Gelati *Motta* umgeschrieben. Ein sinnloses Wort für mich. Mein kindlicher Verstand hatte sich auf das Speiseeis und seine Aromen konzentriert, denn Eis war ja im Kasten, und so stellte ich mir vor, der Name Mocca erscheine dem Verkäufer der Klangvollste zu sein. Worüber also sollte ich nachdenken, war ich doch meines Wissens sicher. ‹Logisch›, hätte ich gesagt, hätte ich dieses Wort gekannt. Der Lehrer aber wusste es besser: die Handelsmarke *Motta*, nicht die Aromen, hatte der Strandläufer angepriesen, und er korrigierte mich mit Recht. Woher hätte denn ich das wissen sollen, umso weniger als ich, da ich doch zu wissen glaubte, gar nicht nach anderem suchte? Und so lernte ich etwas Neues und lernte, dass es hinter meinem Wissen immer noch ein anderes gibt, – hinter meiner Meinung eine Wahrheit.

KINDERTRAUM

Als ich den Kindergarten besuchte und meine geistige Beschränktheit, proportional zu meiner noch ungeformten Ichheit, kaum bestand, hatte ich beim Einschlafen oftmals, und mit einer geheimnisvollen Erregung, das gefühlvolle Bild, ich befände mich schlafend und wohlig geborgen auf einer weissen Wolke. Und in dem Traumbild (*) erwachte ich und gleichzeitig erwachte ich aus dem Schlaf und bildete mir ein: Jetzt, jetzt gerade, gerade jetzt beginnt für mich die Wirklichkeit, alles Gestern und Vorgestern, alle Ereignisse, die ver-

---

* Der Traum und die Illusion sind Teile der Realität des menschlichen Lebens ... und nicht die geringsten!

gangenen, sind bloss Traum gewesen, im Schlaf auf der weissen Wolke geträumter Traum. Später habe ich dann dieses kindlich-naive Bild wieder geschaut und mich gefragt: Was ist wirklich, was ist Schein? Was ist Wach-Sein, was ist Schlaf, was ist Wahrheit? Und ich sprach zu mir selber: Als Geträumter lebe ich *mein* Leben, das eigene, vergängliche; als Träumender bin ich *das* Leben, das unvergängliche, das *mein* sterbliches Leben wirkt. Somit – so spielte ich weiter mit meinen Gedanken – ist mein persönliches Schicksal, bezogen auf das wahre Leben, Schlaf und schliesslich Tod. Wahrhaftig, wer tiefsinnig über sein Leben nachdenkt, findet den Tod, und diese Erkenntnis führt ihn auf die Suche nach dem wahren Leben. Leben ist Unsterblichsein. (*) Hier, zum ersten Mal, erkannte ich die hohe Idee der Unsterblichkeit der Seele, die meinem Leben bis heute Sinn und Würde schenkt[7].

An solchen Gedanken erfreute und nährte sich früh schon meine Seele und erstarkte mein kleiner Geist im Gefühl brüderlicher Verwandtschaft mit einer Wahrheit jenseits eigener Fassbarkeit, und aus

---

* Wer nicht an Unsterbliches glaubt, dem bleibt allein der Tod als Antwort auf die Frage nach dem Leben.

diesem Gefühl ward die Liebe zur Weisheit geboren. So ging ich als Jüngling daran, in meinem winzigen Leben das grosse Leben zu suchen. Später setzte ich dem wahren Leben das unsterbliche Licht und die unsterbliche Kraft der Liebe (*) gleich. Mein Eigensein begann, diese Liebe zu suchen, die es doch selber ist! Doch davon später.

UNVERSTAND

Noch viel jünger war ich, der Kindergarten noch ein Zukunftstraum, da trat ich einst zu meiner Mutter in die Küche und hielt ihr ein von mir selbst mit vielen ungleichförmigen und unterbrochenen Wellenlinien illustriertes Blatt vor die Augen. In kindlichem Ernst fragte ich sie erwartungsvoll:

- Was habe ich geschrieben, was heisst das.

- Nichts, war die rasche und ehrliche Antwort meiner Mutter.

---

* Diese Kraft ist das Charisma, aus grch. *kharisma* = Gabe, Gunst, göttliche Gnade; mit dem dazu gehörigen lateinischen *caritas* = Gottesliebe und Nächstenliebe, erkenne der Leser den Ursprung eines charismatischen Menschen.

Unverstand, Betroffenheit und Empörung war meine ebenso rasche Reaktion. In der Tat, wie sollte ich verstehen, dass schwarze Zeichen auf weissem Papier, wie die Zeitung, die mein Vater las, die ich zwar nicht verstand, die anderen aber wohl, dass solche schwarze Zeichen von meiner Hand nun von diesen anderen nicht verstanden werden sollten? Es war mir unbegreiflich, und das, was ich nicht begriff, das konnte auch nicht sein! Sie sehen, lieber Leser, da war doch mein späterer Umgang mit der *Bliobithek* und *gelati mocca* ein geistiger Fortschritt. Im Ersteren war ich unwissend und habe geforscht, im Zweiten vermeinte ich zu wissen, anerkannte aber meinen Irrtum. Hier nun war etwas einfach deshalb unmöglich, weil ich es nicht verstehen konnte! Es war mir undenkbar. Meine Mutter war damals ebenso betrübt wie hilflos. Schliesslich fand sie Rettung in dem erlösenden Gedanken, dass sie, dem Frieden zuliebe, ganz einfach ein Wort erfand, das sie meinen ungelenken Wellenstrichen andichtete. Da ward ich ruhig und der Frieden wieder hergestellt. Die Liebe meiner Mutter hatte mich, das heisst mein Eigenes, das in den ersten Anfängen seiner Formung steckte, in seinen schwachen Grenzen bestärkt;

gerechtfertigt war der Irrtum und ich hatte Recht! Gelernt hatte ich nichts, aber meine eigene Aufgebrachtheit hatte, bezähmt durch die Liebe, kein Unrecht getan.

Das Eigene und *die Liebe* stehen sich auf Gedeih und Verderb in jedem menschlichen Leben gegenüber ... bis zu jenem Augenblick, da das Bewusstsein das grosse Geheimnis der Eigenliebe zu erkennen beginnt.

II. TEIL
DAS EIGENE

Zwei Seele wohnen, ach! in meiner Brust,
Die eine will sich von der andern trennen;
Die eine hält, in derber Liebeslust,
Sich an die Welt mit klammernden Organen;
Die andre hebt gewaltsam sich vom Dust
Zu den Gefilden hoher Ahnen.

J. W. von Goethe Faust I, Vor dem Tor

LICHT UND FINSTERNIS

Was ich von mir weiss, was mich als einzigartige Person von allem Anderen unterscheidet und mir erlaubt, dieses Andere wahrzunehmen, ist das Eigene. Es ist das Selbstbewusstsein des zeit-räumlichen Ausdrucks meiner Wesenheit. Dieses, auf sich selbst konzentrierte und beschränkte, Bewusstsein, ist die Voraussetzung, alle anderen Teile als von mir getrennt, als Welt, zu erkennen. Im Eigenen spiegelt sich nun diese Welt als ein Kunterbunt von hunderttausend *anderen*, von mir getrennten, Eigenheiten.

Stellen Sie sich das Eigene als eine dunkle, in sich geschlossene, mehr oder weniger poröse und lichtdurchlässige Schale vor, in der das lebendige Licht gefangen ist. Es belebt diese Schale und erlebt das Leben dieser Schale in all ihren Begegnungen und Berührungen mit allen anderen Formen. Es sind dies die Erfahrungen und Erlebnisse des Eigenen. Das in diesem verborgene geistige Licht selbst bleibt unberührt von allem Geschehen. Allein jener Aspekt, der sich als *Bewusstsein* mit der Schale identifiziert, erleidet alle Gefühle, alle Freuden und Schmerzen, alle Irrtümer und Erkenntnisse dieses bewussten Eigenlebens, dieses, durch das göttliche Prisma gebrochenen, nunmehr farbigen Lichtteilchens! Die Wesen in der Welt: Myriaden solcherart gefangener Lichtfunken, Liebeslichter in der Finsternis, Unsterbliches in der Zeitlichkeit.

Das Bewusstsein als ein Eigenes zu leben, getrennt vom grossen Licht, das ist das Schicksal der Schale, Erfahrung in der Welt, Leben.

Leben aber will Erkenntnis, Erkenntnis will Wahrheit, und Wahrheit ist Licht!

Es ist das bewusste Wiederfinden eines gefallenen, verloren-versunkenen Lichtes. Es ist ein allmähliches Weiter-, Durchlässiger- und Heller-Werden jener finsteren Umhüllung. Vergängliche Schale im Dienste des unsterblichen Lichtes.

Die Eigenliebe, das ist die *ewige Liebe,* die das *zeitlich Eigene* erschafft, mit dem Ziel, von dem, durch dieses Eigene ermöglichte, Bewusstsein erkannt und geliebt zu werden. So wird das Eigene schliesslich durch das Liebeslicht überwunden, denn es ist sich selbst *bewusst* geworden und bedarf nun keiner Schale mehr. Das Leben hat seinen Sinn erfüllt.

LICHT UND FINSTERNIS

Auf die Frage: Was verdunkelt die Liebe?, haben wir die Antwort gefunden: das Eigene.

Auf die Frage: Was hindert die Erkenntnis der Unsterblichkeit?, finden wir als Antwort: der Tod.

Auf die Frage: Was stirbt?, finden wir die Antwort: das Eigene.

Auf die Frage: Was lebt?, finden wir die Antwort: die Liebe.

Damit ist unsterblich das Leben, das Licht ist und Liebe.

Finster ist der Tod, hell ist das Leben, dessen Pforte der Tod des Eigenen ist.

Es ist immer ein unschätzbares Privileg, am Sterbebett eines Menschen gegenwärtig sein zu dürfen. Denn gerade in diesen geheimnisvollen Momenten, da ein Ewiges daran geht, Zeitliches zu entmachten, ist das Bewusstsein des Sterbenden in einem überrationalen Zustand und wird von Erkenntnissen – aus unendlich weit zurückliegenden, oft über dieses Leben hinausgehenden Erinnerungen – berührt, die dem denkenden Bewusstsein allermeist verschlossen sind.

Mit Ehrfurcht erinnere ich mich im Besonderen zweier mir sehr nahe stehender Menschen in den letzten Stunden ihres irdischen Daseins. Während mehrerer Jahre waren beide grossen physischen Leiden ausgesetzt, und doch waren ihre letzten Worte zukunftsgerichtet.

- Das Leben ist schön, sprach der eine, und der andere sprach von dem Eingesperrtsein der Seele, das er so stark empfinde, dass es schmerze. In Anbetracht der vertrauensvollen Ruhe und Sicherheit, mit der diese Worte gesprochen wurden, gehe ich davon aus, dass beide Seelen die Nähe des Unsterblichen bewusst wahrzunehmen vermochten; das unsterbliche Leben und die baldige Befreiung der Seele aus der irdischen Hülle, dem Eigenen. Keine Angst begleitete diese Worte, sondern Zuversicht und Freude. Dass das nicht immer so ist, hat nichts mit der Wahrheit des Gesagten, sondern mit der Empfänglichkeit des jeweiligen, sich auflösenden, Selbstbewusstseins zu tun. Auch in diesen Stunden noch definiert die Identifikation des Bewusstseins mit der sterblichen Schale den Durchlässigkeitsgrad des Lichtes in der Finsternis.

In der Eigenliebe gehen wir aus von dem Eigenen, und wenn wir nicht stehen bleiben und im Eigenen versteinern, wollen wir die Liebe suchen, die dieses geschaffen hat. Über neunzig Jahre zählte jener Mensch, der, nachdem er sich ein Leben lang mit Geld, Gewinn und Zahlen beschäftigt hatte, mit feierlichem Ernst die Bilanz seines Lebens offenlegte, indem er zu mir sprach:

Das Einzige was wirklich zählt, ist die Liebe!

Die *Liebe im Eigenen,* das ist das Göttliche im Menschen. Ein Kind Gottes in der Welt. So ist des Menschen Eigenliebe vor die Wahl gestellt: Ich, das Gotteskind, oder Ich – das Trugbild, ein goldenes Kalb.[8] Hier ist die Gabelung des freien Willens. Licht oder Finsternis!

EIGENLIEBE ALS EITELKEIT
Das Versinken des Lebens

Eigenliebe, im unerlösten Sinn, ist das Verliebtsein in das Eigene. *Narkissos*[9].

Das Wunschbild des *unerleuchteten* Menschen, jenes Eigenbild, das sich selbst in allem reflektieren will. Es ist die Entgöttlichung des Eigenen und zeugt die Lieblosigkeit in der Welt. Eitelkeit ist totes Leben, ist Finsternis, die das Licht nicht mehr begreift und nicht mehr ergreifen kann. Es ist die pervertierte Eigenliebe. Es ist der schwarze Schat-

EIGENLIEBE ALS EITELKEIT

ten, der die Würde der Ichheit in düstere Egozentrik wandelt. Ein Gott verliebt sich in sich selber, vergisst seine Gottheit und erstirbt in der leblosen Spiegelung seiner Gestalt.

Ich hatte früh in meinem Leben schon bemerkt, dass das, was ich ‹mich-selber› und mein Eigen nannte, von meinem Bewusstsein bestimmt ward. Über diesem aber gewahrte ich etwas weit Lebendigeres, ein Geistiges, das jenseits meines Selbstbewusstseins, jenseits meines Erinnerungsvermögens weite Kreise zog. Ich konnte es nicht sehen, dieses Etwas, aber ich spürte, dass es mich sah oder sehen könnte, so es mich sehen wollte. Mit meinem kleinen Geist stellte ich meinem Bewusstsein die Frage:

– Willst du dich mit dir selber, den zeitlichen Dingen, Ängsten und Wünschen gleichsetzen und sterben, oder willst du das Unfassliche suchen, das Unsterbliche, und leben? (*) Ich entschied mich für die Liebe. Von da an leitete mich immerfort die bereits erwähnte Idee der *Unsterblichkeit der Seele*, und mein Leben erhielt *eine* Richtung, der ich

---
* Jeder suchende und schöpferische Mensch ist immer, solange er nicht gefunden oder nicht vollendet hat, auf eine ganz besondere Art leidend. Diesem Leid wird er vieles verdanken!

EIGENLIEBE ALS EITELKEIT

immer treu zu bleiben suchte. Das bedeutet für mich, dass ich, nach bestem Wissen und Gewissen, jeder Tat in meinem Leben eine Gesinnung der Liebe zu Grunde lege. Das braucht dem Beschauer, der bloss die Tat sieht oder den Gedanken hört, gar nicht sichtbar sein. Jede Tat soll ein Wort der Liebe sein. In diesem Sinne möchte ich mich für keine meiner Taten – was die Gesinnung anbelangt – jemals vor einem höheren Wesen schämen müssen.

Wie gleichförmig und absehbar verlaufen die Leben vieler Menschen. Wenn es wunschgemäss verläuft, sind sie glücklich (*); im gegenteiligen Fall sind sie unglücklich und lehnen sich auf und sprechen von Ungerechtigkeit und Strafe. Wie inspirierend und lebendig ist demgegenüber ein Leben, das in allem das Unsterbliche (**) sucht! Unbedeutend schiene mir das Leben ohne diese Zuversicht, niedrig und voller Nichtigkeiten. Ich muss immer lächeln,

---

* Wunschlos glücklich, weil alle Wünsche erfüllt oder keine mehr vorhanden sind. Mit dem nächsten Wunsch jedoch fängt alles wieder an.

** Ein sehnlicher Wunsch, dessen Unerfülltsein dem Leben Sinn und Würde schenkt und gleichzeitig alle irdischen Wünsche entmachtet.

EIGENLIEBE ALS EITELKEIT

wenn Menschen Jenseitiges und Übernatürliches in Abrede stellen und ihre Unwissenheit als Beweis zum Zeugnis nehmen. Wie offenkundig schien mir immer die Gegenwart unsichtbarer Kräfte. Was ist denn der Tod, das Vorgeburtliche, der Schlaf, das Leben der Organe, die immer wiederkehrenden Jahreszeiten, der Lauf der Gestirne und tausend andere Zustände und Ereignisse, die das Leben uns zeigt? Tatsächlich, viel leichter muss es einem unvoreingenommenen Menschen fallen, das Nichtfassbare zu bejahen, als es zu verneinen. Die Verneiner scheinen mir bedürftige Menschen, sie merken es nicht, ganz so, als wären sie am Verhungern und spürten es nicht; und wenn geistige Nahrung zum Mahle sich bietet, wenden sie sich ab, verachten und verlachen. Da ergreift mich immer, und das hat sich seit Jahrzehnten nicht geändert, die Empfindung eigener Ohnmacht und ein grosses Bedauern diesen unwissend Verblendeten und störrisch Abwehrenden gegenüber[10]. So bedaure ich auch den Krieg, obwohl ich weiss, dass die Frucht des Leids Erkenntnis will; obwohl ich weiss, dass der Krieg ein Ausdruck ist der leidenden Seele, wie jeder Streit ein Aufschrei ist des Gefangenen, jede Missgunst ein Zeichen leidschaffenden Un-

EIGENLIEBE ALS EITELKEIT

verstandes ... und ist alles Elend Hilferuf einer vergessenen Seele. Im Leid des Unwissens, des Unglaubens, zeigt sich uns das unfruchtbare Wüstenland der Eitelkeit. Das Haschen nach Dingen dieser Welt, materielle Aneignung, Krieg. So ist auch in diesem Zusammenhang – wie Heraklit uns lehrt – *der Krieg der Vater aller Dinge*, denn er hat als Auflehnung und Usurpation alle Dinge erzeugt, indem er – und das ist die Urschuld – das Eigene von der grossen Liebe herausgebrochen (*) und dadurch Myriaden unterschiedlichster, dinglicher Eigenheiten geschaffen hat. So steht das Eigene nun, in sich selber isoliert, einer Welt von Dingen gegenüber. Das vom Eigenen Begehrte, doch von ihm Getrennte, sich anzueignen oder sich ihm aufzudrängen, ergibt die Kriege in der Welt. Sie dienen der dinglichen oder ideellen Ausbreitung des Eigenen, dem Weiten seiner Grenzen, dem Vereinnahmen (**), dem Dominieren. Doch immer bleiben es, bezogen auf das Eigene, Grenzen, lediglich Ausdehnung der Beschränkung ... bis eines lichten Tages – vom Eigenen ganz uner-

---

* Luzifer, Prometheus
** Die Habsucht mordet die Seele.

EIGENLIEBE ALS EITELKEIT

wartet – im *grenzenlosen* Geist wieder Liebe (*) wird und Frieden. Davon handelt dieses Buch.

Es ist mir schon als Halbwüchsigem aufgefallen, dass die selbsterwählten Bedürfnisse eines Menschen seine Interessen und damit seine Fragen und seine Einstellung zum Leben definieren, um in der Befriedigung derselben ihre Antwort zu finden. Je eitler diese Fragen sind, desto mehr wird das Leben zu einer Last. Wer den Bedrängnissen der Welt verfällt, riskiert tiefer zu fallen, als er beim Eintritt in sein Dasein gewesen ist. Vergnügen, Ruhm, Macht … strebt nach Besitz, und besitzt man ihn, so tritt die Angst, ihn zu verlieren, an die Stelle des früheren Begehrens. Gequälte Seelen. Unentschiedenes, lauwarmes Hin und Her. Viele Menschen habe ich gekannt, die mehr tot als lebendig waren. Die einstmals kräftigen Regungen für Sympathie und Antipathie, für Hingabe und Abwehr, waren ihnen bloss noch schwächliche Anwandlung sinnlicher Bedürfnisse, verschwommener Ängste und flacher Neugier. Da hatte ich bald verstanden, dass da, wo man nur sich selber sieht, die Welt ergraut und nichts

---

* Wahre Liebe ist unb*edingt* und b*eding*ungslos, weil sie Geist ist, Gefühl im Herzen.

EIGENLIEBE ALS EITELKEIT

Hohes und keine edle Begeisterung mehr den Geist aus seiner Lähmung und die Seele aus ihrem Todschlaf wecken kann. Solches bekümmert nicht die Welt, wohl aber den Himmel!

Wenn das Leben leer wird, ändere, lieber Leser, ändere die Fragen!

Ich habe immer wieder festgestellt, dass all das, was ich jetzt gerade bin, eine gewisse Stimmung in mir zum Ausdruck bringt; eine gewisse Lichtqualität, nämlich heller oder dunkler, ich kann auch sagen: eine gewisse Liebesintensität, die sich in meiner geistig-seelischen Verfassung kundtut und meinem Bewusstsein alles Erleben färbt. Die Intensität dieser Schwingung, oder Kraft, offenbart sich in meinem Denken, in meinen Bewegungen, meinem Gefühl, meinem Schriftbild auch, meiner Sprache usw. und ist, wie wir weiter oben sagten, auch Ausdruck meiner Gesinnung. Ich empfinde mich geschlossen oder offen, und die Welt erscheint mir als Tag oder als Nacht. Wir alle tragen eine Welt in uns, die mit den Welten aller anderen kollidiert. Jede Welt ist ein Buch, eine Geschichte, ein Lied, das jeder Mensch für sich selber gestaltet und singt. Meine Welt! Ich wollte meine Welt immer gross und edel. Ereignisse, Dinge, Worte und vor

EIGENLIEBE ALS EITELKEIT

allem Menschen suchte ich, jenseits ihrer Erscheinung und Begrenzung, jenseits blossen Eigenseins zu verstehen. Sehen Sie hier, zum Beispiel, mein einsames Frühstück heute Morgen, da ich schreibe. Brot, Käse, Kaffee, Butter ... im Brot erkenne ich das goldene Kornfeld in der Sonne, den arbeitenden Bauern, den Müller und den Bäcker. Und im Käse, in der Butter erkenne ich die Kuh auf einer grünen Wiese und die Milch beim Käser und Kaffeebohnen in weit entfernten Landen, gelesen und verschifft, und den Ozean erkenne ich und einen Kapitän ... Menschen und Tiere; atmendes Leben ist mir beim Morgenessen (mehr als ich mir selbst) begegnet. Jenen Menschen, die solches mehr verstehen als ihren Hunger und ihre Lüste, war ich immer nahe. Das Kleinliche hat schon als Kind erdrückend auf mich gewirkt. Alles Eitle ist klein – wenn es überhaupt ist. Hier eine Frage an Sie, lieber Leser:

- Wo ist das Grosse, wo ist das Hohe in den Dingen?

Die Antwort ist mit unseren Augen zu sehen, vorausgesetzt wir schliessen sie nicht. Wie ist das Welttheater voll von Grösse und Schönheit in all seinen Bildern, von Tragik und Freude, Krieg und Frieden, Opfer und Hingabe, Treue und Mut,

EIGENLIEBE ALS EITELKEIT

Ideen und Enttäuschungen ... vorübergehend zwar, aber immer gross. Warum ist es gross?
- Weil es der Wahrheit dient und dem Leben. Die Welt ist nicht heil, wohl aber ist sie heilend. Wahrlich, dem wahren Leben dienen alle Bilder. Das Wahre aber ist immer edel, und darum ist es gross. Übrigens, dass ich es nicht vergesse, edles Benehmen ist nie rückständig in der Zeit, nur weil es kein Rittertum mehr gibt, sondern immer gross, vertikale Gegenwart geistiger Wahrheit.

Ich hatte Zeiten in meinem Leben, da erregten und absorbierten die welt- und lustbetonten Bedürfnisse dermassen mein Bewusstsein und leiteten es fehl, dass ich nur noch mit einem Treueschwur an die, in meiner Eigenliebe wirkende, Liebeskraft das Kräfteverhältnis umzukehren vermochte. Da ward ich aus der Enge des Eigenen befreit und das selbstgefällige Drängen verlor seine Kraft. Das Obere ergreifend, vermochte ich durch mein Gelübde, das Untere zu lassen. Man beachte: Die Kraft dazu entsprang der Liebe.

Es ist mir immer wieder aufgefallen, zuerst an mir selber, dann auch an anderen Menschen: Je eitler das Eigene, desto überheblicher, begrenzter und ängstlicher das Bewusstsein. Wo aber Angst ist, ist kein Vertrauen; wo kein Vertrauen ist, ist keine Weisheit; und wo keine Weisheit ist, ist wenig Liebe. Die Eitelkeit ist immer lieblos, weil das Eigene zum Kerker der Liebe wird. Ohne Liebe zu einem geistbegabten oder beseelten Wesen, ist das Eigene ein todummauertes Gefängnis. Im Eigenen liebe ich mein sterbliches Eigenbild, in der Liebe liebe ich Göttliches. Das sind *zwei Seelen, ach, in meiner Brust* ...

Die hundert Millionen Beschränktheiten, das ist das Kaleidoskop des Lebens, der Auf- und Niedergang der Weltgeschichte, Schicksale der Menschen, die symphonische Schönheit alles Geborenen, alles Gewordenen.

DAS DENKEN

Durch das Mentale, durch das Denken, kristallisiert sich das Eigenbild des Menschen. Was ich denke, das bin Ich (*). Er denkt, was er zu sein

---

* Siehe dazu Bd. 4 *Über die Lüge, die Wahrheit den Tod und die Liebe*, S.37ff, im 5-bändigen Zyklus des Verfassers, *Flügel der Seele*. Stämpfli Verlag 2015

DAS DENKEN

glaubt, und ist sich selber bloss ein Bild in seinem Gedächtnis, herangewachsen in seiner biographischen Erinnerung.

Mit etwas über dreissig Jahren erschütterte mich zutiefst ein unerwartetes inneres Ereignis und entriss meinem schwachen Geist all jene denkerischen Stützen, die meinem jugendlichen Stolz Halt und Mass gegeben hatten. Ich erkannte damals in einer ungeahnten Plötzlichkeit, dass es mir mit geringem intellektuellem Aufwand möglich war, jedwede Situation, jedwedes Geschehen aus beliebig vielen Blickwinkeln zu erklären. Ich konnte ja oder nein dazu sagen, und wie ich es entschied, führten es meine Gedanken aus. Tatsächlich vermochte ich damals, alles denkerisch zu modellieren, was um mich herum geschah, und es war mir lediglich eine intellektuelle Übung, auf vielerlei Standpunkten stehend, aus vielerlei Perspektiven auswählend, Rechtfertigung oder Verurteilung einer Sache zu beweisen. Ich konnte dafür oder dagegen reden, und beides hatte seine Richtigkeit. Da erkannte ich, dass ich, bloss an der Oberfläche schwimmend, endlos und wellenschlagend, das Wesentliche umkreiste, und dass alle meine Aussagen, so interessant sie sich anhörten, so spitzfindig ich sie konstruierte, bezogen auf die Wahrheit, bloss Eigenwahn und Irrtum sind. Ich erkannte die trügerische Macht des Intellekts und das Windgebläse meiner Meinungen. Von da an traute ich nicht mehr vorbehaltlos meinem Denken! Wie eine Sonne ging es in mir auf, und ich wusste, dass ich nichts weiss und nichts Wahres, das heisst nichts Unsterbliches, mit sterblichen Mitteln wissen kann. Laut sprach ich für mich selber aus:

- Ich weiss nichts!, da war ich wieder Schüler geworden. Der Intellekt trat in die Schule des Geistes. Es war wundervoll und ist es noch.

Das eigene Denken nährt sich am Eigenen, nämlich an den denkerischen Interpretationen unserer Erfahrungen und dem im Gedächtnis gespeicherten Wissen, das oft eine Menge fremder Gedanken enthält. Die Auswahl derselben entspricht den Bedürfnissen des Denkenden und den Werten, die unser kleiner Geist in seinen Grenzen für uns hütet. Hernach werden Bedürfnisse und Werte aufeinander abgestimmt und dem Bewusstsein als Lebensziele vorgestellt. Eine vorläufige geistige Gesinnung ist geboren. Sie ist der Spielraum des Intellekts und die Begrenzung meiner geistigen Freiheit.

DAS DENKEN

Das Leben der ganzen Welt wirbelt durch das Gehirn, das Gedächtnis nimmt auf, was es zu fassen vermag, und das Denken sucht es im selbstgebauten Rahmen seiner momentanen Möglichkeiten zu erklären und denkt und redet und schreibt. Wenn es nach dem Erhebenden strebt, weitet es sein geistiges Potential; am vordergründigen Geschwätz aber, am frivolen Geschreibe, erstickt der kleine Geist an den wachgerufenen Emotionen oder erblindet am Hohlsein intellektueller Äusserungen. Das dem Leben notwendige Nützlichkeitsdenken habe ich den praktischen Zwecken des Lebens zugeordnet, alles andere Denken aber, die laute und die leise Sprache meines Geistes, habe ich nach einem höheren Geist gerichtet. Aber das habe ich weiter oben, als ich von der Gesinnung der Liebe sprach, schon zum Ausdruck gebracht. Solches Denken erhebt jede Lebenssituation, inspiriert den Geist und färbt die Gedanken mit einer Prise Poesie. Es gilt, alles Gemeine und Niedrige zu meiden und durch das *Eigene* am Werk der *Liebe* tätig mitzuwirken. Eigenes Denken muss aus der Verbindung mit dem höheren Geist erwachsen.

Ich erinnere mich wohl, wie ich vor Jahrzehnten, als ich nach vielem Denken mit fremden Gedanken endlich meine eigenen formulierte. Da begann ich, das Eigene in mir und mich selbst als eine unabhängige Geisteskraft zu empfinden. Ein seltsam wunderbares Gefühl, das mich dann an jene Schwelle führte, hinter der sich die Erkenntnis meines Nicht-Wissens gebar. Von da an versuchte ich, Worte und Sätze nicht nur oberflächlich, das heisst, mit meiner momentanen Verstandesreife zu verstehen, sondern in die geistige Tiefe zu dringen. Ich hatte bald einmal festgestellt, dass der Irrtum des Verstandes (*) leichter zu beheben und zu berichtigen ist, als der Irrtum des Herzens, dessen geistige Kraft das Leben ungleich schwerer beeinflusst als der Intellekt. Ich suchte nach der zeitlosen Weisheit (**), um mit dieser meinen Intellekt zu zwingen, diese Weisheit durch Wort und Tat im

---

* Verstand, das ist der in Buchstaben gefangene Geist, der sich als Teilchen im Wort manifestiert. Die Wahrheit aber ist jenseits aller Buchstaben. Der Geist ist jenseits des Intellekts, die Liebe jenseits des Eigenen. Hier wird verständlich, weshalb das dem Menschen geschenkte Wort alle geistigen Reiche zu durchwandern vermag, – weil es sie in sich trägt!

** Die in Worten noch ungeformte Weisheit hat ihren Sitz als Kraft im Herzen. Sie im Geist wieder finden, heisst, sich ihrer wieder erinnern.

DAS DENKEN

Alltag zu verwirklichen. Ein ritterlicher Auftrag an mich selber. (*)

In meinem Geist befinden sich seither zwei unterschiedliche Räume. Der erste ist ein unterbelichtetes, grau-staubiges, geräumiges Zimmer und enthält all mein gespeichertes Wissen, allerlei Informationen, zu denen ich kraft meines Gedächtnisses Zugriff habe. Es ist gut organisiert, dieses Zimmer, und die kleinen, präzis und systematisch übereinander geschichteten, nach Wissensgebieten geordneten Schubladen sind überaus zahlreich. In dieser Stube war mein Geist, wenn er sich dort aufhielt, ein Gefangener, ohne sich dessen bewusst zu sein. Mit der Entlarvung der volatilen und trügerischen Aspekte meines Intellekts entdeckte ich aber ein zweites Zimmer, besser gesagt, einen Raum, den ich als sehr gross empfinde, da ich seine Grenzen nicht sehe. In ihm ist es dermassen hell, dass er mir seine Dimensionen im Licht verbirgt. Hier gibt es, anstelle der unzählbaren Schubfächer, eine unaufhörliche Schwingung des Guten, Wahren und Schö-

---

* Wie habe ich mich in diesem Zusammenhang immer in Harnisch gesetzt gegen das philosophische Geschwätz, die seichte Esoterik, die intellektualisierende Psychologie und all ihre Gefolgschaften.

DAS DENKEN

nen. Keine Informationen finde ich hier, sondern Kräfte, wirkende Wirklichkeiten. Hier ist noch nichts Eigenes, Einteilbares, hier ist nichts Getrenntes, hier ist Liebe. Das war für mein Bewusstsein eine überwältigende und entscheidende Entdeckung. Was immer mir seither an Geschehnissen oder Gedanken im Leben begegnet, ich führe es in diesen Raum und ... warte, wache und betrachte (*). Als unwissender Schüler, denn in diesem Raum bin ich Schüler, als unwissender Schüler also, betrete ich ihn, im Wissen, dass hier *alles* ist. Hier muss sich meinem Bewusstsein ein geistiges Wahrnehmungsorgan öffnen, damit es fähig werde, den Impuls einer offenbarenden Idee zu empfangen. Es ist meine Liebe zur Weisheit, die mich hierher geführt hat. Die Weisheit, die ich hier ganz besonders spüre. Sie erfüllt mich in diesem Raum mit ihrer überpersönlichen Gegenwart. Es ist die Gewissheit einer Kraft, die meinen Intellekt zu sich zwingt. Im Gegensatz zum grauen Zimmer irdisch-vergänglichen Wissens, ist die Kraft dieses Raumes todloses Nichts. Aber vielleicht ist es gar kein Raum, sondern bloss Kraft.

---

* Betrachten bringt Liebe ins Herz und nähert uns dem Wesenskern des Betrachteten, der immer Liebe ist.

DAS DENKEN

Was ich immer spüre, ist, dass die Kraft, die mich hier berührt und erhebt, Schönheit ist und Liebe.
- Was geschieht denn da?, werden Sie fragen.
- Nun, alle meine Fragen finden in diesem Raum eine Antwort. Nicht als intellektuelle Schlussfolgerung, sondern als Impuls, als Inspiration, die es meinem Denken ermöglicht, in jener Richtung weiterzudenken, die dem Licht dieses Raumes entspricht und meinem Bewusstsein eine Berührung mit etwas Jenseitigem ermöglicht. Es ist, als würde sich diese überpersönliche Lichtschwingung in mir zu Gedanken verdichten. Meine Seele findet hier Nahrung, und mein kleiner Geist ist seinem grossen Bruder an die Hand gegeben. Immer mehr Zeit verbrachte und verbringe ich in diesem Raum, und es kommt vor, dass ich Menschen mit mir über die Schwelle nehme. Aber nicht alle ertragen diese Kraft, zu sehr sind sie geblendet vom leuchtenden Nichts oder erschrocken vom Fehlen der Karteischränke. Manchmal auch fürchten sie, etwas zu verlieren, von dem sie aber nicht zu sagen vermöchten, was es ist. Viele auch lassen die Augen geschlossen und sehen einfach nichts. Ich selber glaube übrigens, dass dieser Raum, in einer, meinem Gedächtnis sich entziehenden Dimension, die Rei-

che lang vergessener und weit über dieses Leben hinausreichender Erinnerungen berührt.

Wenn wir nachdenken über das eigene Denken, finden wir vieles, das festgefahren ist und leblos unseren Geist beschwert. Es ist hilfreich, unser Denken neu zu ordnen, es vielleicht aufzuwühlen, damit das Geistige wieder beweglich werde und nach neuer Erkenntnis und Gesinnung strebe. Aufgewühlt wird der Geist im Leid und in der Liebe (*).

Wer Leid anerkennt, wird wacher; wer liebt, steht niemals still.

In meinem Leben haben mich Menschen, die weder andere Wesen noch was sie selber tun, wirklich lieben können, immer ermüdet – wahrscheinlich, weil der Schlaf des einen auch den andern müde macht –, und sie tun mir leid.

Es ist tatsächlich so, dass wir das denken und reden, wes unser Herz voll ist und dass unser Herz dort ist, wo wir unseren Schatz hegen[II]. Der Schatz liegt bei mir nicht in der zwielichtigen Stube, aber im hellen und für mich grenzenlosen Raum. Er ist meine Inspiration und meine Freude.

---

* Wer Grosses zu leiden vermag, erträgt geringeres Leid mit Leichtigkeit; wer Grosses liebt, liebt alles andere mit Selbstverständlichkeit.

DAS DENKEN

Alles, was wir denken und reden und schreiben, hinterlässt, auf die eine oder andere Art, Spuren in der Welt. So versuche ich seit vielen Jahren, meinen Mitmenschen vom lichten Raum zu reden und zu schreiben. Oft glauben sie, verstanden zu haben, bloss weil ihr Denken nicht zu widersprechen vermag. Ihr Intellekt übernimmt dann die Führung. Das Bewusstsein verlässt das beschworene Bild des lichten Raumes und geht, vom Denken angeführt, ins wohlbekannte graue Zimmer, nimmt das Gehörte mit und eröffnet eine neue Kartei. So spüren die Menschen nicht das Lebendige! Es ist der innere Bezug, der fehlt, das Berührtwerden, das innere Wachsein.

Denkerisch nachvollziehbare Sätze sind noch keine Erkenntnis.

Wo aber *Erkenntnis* ist, da wandelt sich der Mensch. Altes stirbt, Neues wird. Unerkanntes offenbart sich dem Wachen im hellen Raum, und von nun an ist er grösser, trägt mehr geistiges Licht und mehr Verantwortung. Das Eigene ist neu durchlichtet, ist heller geworden. Es ist immer schade, wenn dieses Geisteslicht aus Unachtsamkeit am Eigenen zerbricht, am Nicht-sehen-Wollen oder Nicht-sehen-Können.

DAS DENKEN

Das geistige Leben, das einen Menschen erfüllt, vermag er – ausser durch Vorbildsein und künstlerisches Schaffen – lediglich mit Worten (*) weiterzugeben und ist, auf seinem Weg ins Herz eines anderen Menschen, auf dessen geistige Bereitschaft und Empfänglichkeit angewiesen. Oftmals reagiert der Mensch allzu rasch mit einem Nein auf etwas, das er nicht verstanden hat! Gescheiter wäre wohl die Frage: ‹Wie ist das gemeint?› Er lernte so den Menschen wie auch die Antwort besser kennen.

In diesem Zusammenhang möchte ich eine andere Erkenntnis aus meinem Leben mit dem Leser teilen. In Gesprächen, das ist mir früh schon aufgefallen, reagieren die Menschen meist – wenn nicht mit Anerkennung – sehr rasch mit Gegenargumenten auf die Aussagen anderer. Es entstehen Behauptungen, Missverstand und Konflikte aus solchen Zusammenstössen. Die Sinnlosigkeit solcher Behauptungskriege ist deutlich sichtbar im Zeitgeschehen, und ich wünsche mir, so wie damals auch noch heute, die Menschen liessen sich ein bisschen mehr Zeit und würden auf Aussagen anderer

---

* *Helft uns nur den Erdgeist binden ... und das Wort des Lebens finden.* Novalis

DAS DENKEN

erst dann reagieren, nachdem sie verstanden haben, was dieser eigentlich sagen will. Hier, wo eine eigensinnige Behauptung Verwirrung stiftet, kann eine wohlmeinende Frage Klarheit bringen.

Für mich sind alle Argumente Ausdruck geistiger Standpunkte, das heisst, das Argument legt Zeugnis ab von der geistigen Gesinnung des Sprechenden. Wenn Menschen mit mir reden, suche ich unwillkürlich, des Redners Standpunkt – der solche Ansicht möglich macht – herauszufinden. Habe ich ihn gefunden, so kenne ich den Menschen besser, denn seine geistige Haltung hat sich mir kundgetan. Berechenbarer ist nun sein Urteil, denn dieses ist nichts anderes, als die denkerische Spiegelung seines Eigenseins im Objekt, das er bespricht. Ich diskutiere nicht, denn, in der Tat, aus seiner eigenen Sicht hat jeder Recht! Jeder Standpunkt hat seine richtigen Argumente, aber ob der Standpunkt der richtige ist? Das Eigene kann aus der jeweiligen Gesinnung beliebige Standpunkte einnehmen, kann denken, ein Leben lang denken, erdenken und bedenken und behaupten und ist doch in wechselhaftem Irrtum befangen. Wie gut ich das weiss, seit ich weiss, dass ich nichts weiss.

DAS DENKEN

Die Liebe schaut und erkennt.

- Was ist Dir denn Philosophie?, traf mich einst im lichten Raum die Frage. Und ich floh ins graue Zimmer, öffnete eine Schublade und erwiderte:

- Philosophie ist die Liebe zur Weisheit und, wie Sokrates hinzugefügt, zur Weisheit, die unsterblich macht.

- Was aber ist Weisheit?, fragt' ich mich, kehrte in den lichten Raum zurück und wartete ... und erkannte:

- Weisheit, das ist die Liebe in Worte gefasst.

- Und das bedeutet?

- Das bedeutet, fuhr ich fort, dass Weisheit Gestalt gewordene Liebe ist.

Und für mich selber fügte ich noch hinzu: auf dass das Eigene, vom Geist erleuchtet, wieder finde, was es einst gewesen. Und das ist die Leiter, die vom Himmel auf die Erde führt: Liebe – Licht – Kraft – Wahrheit – Weisheit – Schönheit – Güte und alle anderen Tugenden in der Eigen*liebe* menschlichen Bewusstseins. Von der Liebe zur Liebe. Der Künstler wie auch der Philosoph und alle Liebenden suchen die Berührung des Geistes, der Licht ist, Wahrheit und Leben. Hier sucht das Eigene, die Liebe *in* sich zum Leuchten zu bringen.

EIGENLIEBE ALS LEBENSKRAFT

Das Eigene nimmt ab, die Liebe nimmt zu.

EIGENLIEBE ALS LEBENSKRAFT
Die Erhebung

Nun ist es an der Zeit, noch einmal auf meine dramatische Erkenntnis des ‹Ich weiss nichts› zurückzukommen. Damals öffnete sich mir zum ersten Mal die Pforte, die mich bewusst den lichterfüllten Raum betreten liess.

Das menschliche Gehirn kann das Wunder der Wahrheit nicht fassen, sehr wohl aber das Erschrecken des Nicht-Wissens.

Von da an also richtete ich mein Denken, und das tue ich noch heute, in allen Lebenslagen nach der Weisheit. Doch musste ich sie erst erkennen (*), damit sie meinem Geiste immer gegenwärtig sei. Bevor ich sie jedoch erkannte, begann ich, sie zu lieben – und umso mehr noch liebt' ich sie, als sie sich mir allmählich zu erkennen gab. Noch hab'

---

* Der Leser erinnert sich: Wissen ist Erinnern. Die Weisheit erweckt in meinem eigenen Geist sich selber. Das Ziel ist es, dass das Eigene dies Wissen nicht nur besitzt, sondern sich in dieses verwandelt.

ich sie nicht ganz erkannt, doch meine Liebe zu ihr ist unzerbrechlich. Ich begann, sie zu suchen und zu lieben, in der Natur, in Märchen und Legenden, in der Kunst, in den Weisheitslehren, und sie trat mir leise näher, in kleinen, oft kaum merklichen Schritten; und da meine Liebe nicht schwächer ward, schenkte sie mir, nach ihrem Gutdünken, hie und da eine Erkenntnis. Niemals Willkür, sondern die Bereitschaft meines Geistes bestimmt den Zeitpunkt ihrer Gaben. Nicht das Gehirn, das erfühlende Herz hat sie mit ihrer Inspiration berührt ... und berührt es noch von Zeit zu Zeit. Ich habe weiter oben geschrieben, wie es mir früher, vor meiner Erkenntnis des ‹Ich weiss nichts›, ein Leichtes war, die Dinge mir zuliebe – nicht der Weisheit zuliebe! – von beliebigen Standpunkten ausgehend zu erdenken und dafür, dagegen, symbolisch, praktisch, theoretisch, wirtschaftlich, sozial, psychologisch usw. überzeugend zu argumentieren. (*) Wie

---

* So sind auch Worte und Sätze, wie sie in diesem Buch gebraucht werden, allen möglichen Interpretationen ausgeliefert. Um die Spannweite des Missverstehens etwas einzudämmen, gebraucht der Autor zahllose Wiederholungen und eine Intensität, die nur durch geduldiges Lesen aufgelöst werden kann.

EIGENLIEBE ALS LEBENSKRAFT

oft glaubt der Mensch, nur deshalb, weil er etwas versteht, dies müsse nun die Wahrheit sein. Wenn nun aber der Verstand nicht mehr eindeutig, sondern vielfach zu verstehen vermag, kann es auch keine Wahrheit in ihm geben, bloss eigenes Wissen, eigene Meinung anstelle von Weisheit und Wahrheit. Wie lange schon ist dies vorbei, und wie langweilig ist das gewesen.

Meine erste Begegnung mit der Weisheit war nur im Schweigen möglich!

In liebevollem Schweigen erwartete ich die unbekannte Schönheit.

- Wie dies geschah?, fragen Sie mich.

Nun, wenn ich früher meine Gedanken im Dämmerlicht meiner geistigen Gesinnung mehr oder weniger mühsam zusammengesucht habe, um mit dem Gefundenen meine Ideen zu formulieren, so vernahm ich jetzt, da mir nichts Eigenes mehr im Wege stand, die klare Rede meines Geistes. So deutlich und kraftvoll sind seine Worte, so frei fühlt sich mein kleiner Geist und friedvoll mein Herz durch seine Berührung, dass es mich keine Überwindung kostet, meine Gedanken und mein Bewusstsein in seinen Dienst zu stellen – immer hoffend, und mich entsprechend auch benehmend, dass er diesen nicht zurückweise! Aber nicht nur in Gedanken spüre ich seine Gegenwart, oftmals auch bewegen sich in mir Gefühle, die nicht Ausdruck von nachvollziehbaren Gemütszuständen sind, sondern mir vielmehr in einer unverständlichen Sprache etwas zutragen, das mir zu einer Ahnung wird und mich zum Weitergehen inspiriert. Eine noch unerkannte Wahrheit kleidet sich in ein Gefühl und sucht meines Bewusstseins Zuneigung.

- Im Dienst der Weisheit leben, wie geschieht das?, werden Sie sich fragen.

Der Antworten, Hinweise und Andeutungen sind viele in diesem Buch, ist doch, und das werden Sie bald erkennen, die *Eigenliebe*, das ist das *Eigene*, im Dienst der *Liebe*.

Ein Beispiel. Wenn ich Dinge betrachte, Menschen oder Ereignisse mir begegnen, so beurteile ich sie nicht in der Enge meiner, durch diese ausgelösten, Emotionen oder dem an seiner Begrenztheit leidenden Verstand. Ich betrachte alles, soweit es mir gelingt, ‹als gäbe es mich nicht›, wertfrei und warte, gedanklich schweigend, was dies Äussere, von mir Getrennte, im Licht der Weisheit wohl

EIGENLIEBE ALS LEBENSKRAFT

bedeuten (*) könnte. Mit anderen Worten: Wenn ein mir wohlwollendes Wesen mir gerade *diese* Begegnung oder *dieses* Ereignis *schenken* würde, was wäre dann wohl sein Sinn? Sicherlich ein wohlwollender und heilsamer!

Das Äussere, das Offensichtliche, sieht jeder, und aus seinem Standpunkt glaubt jeder, in ihm schon das Ganze und die Wahrheit zu erkennen. Das Geschenk sieht nur, wer, die Hülle als Verhüllendes erkennend, das Geschenkte enthüllt. Mit den Liebhabern der Hüllen kann man schwerlich über den Inhalt reden. Auf dem Weg des Enthüllens dient das Denken der Weisheit, die das Enthüllte *ist* – Kraft!

Lieber Leser, lese langsam, auf dass nicht die Hülle das Erkennen hindere. Geduld allein bringt Rosen.

Der Philosoph redet wenig und ist zurückgezogen von den allzu flüchtigen, wechselhaften und unruhigen Geistern, den Eingebildeten, Gereizten, Stumpfen, Kraftlosen. Er verurteilt sie nicht, er

---

* Für mich liegt der geistige Sinn nicht im *Warum,* sondern in der causa finalis des *Wozu.*

EIGENLIEBE ALS LEBENSKRAFT

verachtet sie nicht. Der von der erbaulichen Kraft Bewegte möchte geistige Räume öffnen, aus denen das Leben fliesst. Der Eitle schlägt diese Pforten achtlos zu und drängt in die Welt.

Ich habe die Weisheit nie diskutiert. Entweder ich weiss um eine Sache, dann gebe ich Antwort dem Gewillten, freudig; oder ich weiss nicht um eine Sache, dann suche ich einen Wissenden und frage, bittend. Sehen Sie, die Wahrheit hat *eine* Stimme, die Lüge hat *tausend*. *Eine* Erkenntnis, *tausend* Meinungen, ein Oberes, viel Unteres. Die Wahrheit ist immer rein wie ein Kind, die Lüge hat zahllose Gesichter, oszillierende, schmeichlerische, unterhaltende, zudringliche; sie ist allen zugänglich und vermag im Bedarfsfall gar noch kurzfristig den Bedürftigen zu trösten.

Die Wahrheit ist die Kraft der Liebe, die Lüge ist die Schwäche des Eigenen. Da, wo die Liebe das Eigene belebt, da verzaubert sie alles, indem sie es erhebt. Mit dieser Kraft vermögen wir unsere Schwächen (*) anerkennen und überwinden. Die Eigenschaften des Eigenen werden also veredelt, nicht

---

* Es ist leichter, seine Schwächen denn seine Stärken zu ermessen; letztere werden entweder überbewertet oder verkannt.

EIGENLIEBE ALS LEBENSKRAFT

bloss verbessert. Verbesserung nämlich ist ein horizontales Geschehen, ein ‹weniger Schwäche› sozusagen; Veredelung ist ein vertikales Geschehen, eine Transformation der Schwäche in Kraft. Die Kraft des Beengten ist dunkel, irritierend, horizontal und erschöpft die Liebe. Die Kraft der Liebe ist licht, inspirierend, vertikal und stärkt das Eigene. *Eigen-Liebe.* Ein Mensch, dessen Eigenliebe das Erhabene atmet, dessen Seele ist subtilerer Wahrnehmung fähig. Ein klarer, kraftvoller Geist belebt sein Gemüt.

Als ich ein Kind war, spürte ich in meinem kindlichen Jähzorn diese Kraft als finster, engend und mich beherrschend. In der Freude hingegen, empfand ich sie als einen weitenden, über mich hinausreichenden Kraftstrom. Diese, in mir so unterschiedlich wirkende und meine Persönlichkeit bannende, Kraft führte mich als Jugendlicher zu der Frage des ‹Was bin denn ich›? Eine Antwort fand ich nicht, aber klar erkannte ich mein Eigenes als ungenügend, bezogen auf ein Unbegrenztes, Grosses, dem ich den Namen: Weisheit, und hernach den Namen: Liebe, gab. In ihr dachte ich mir das wahre Leben und mich selber! Heute, im Alter, weiss ich, dass es so ist. Das Unbegrenzte ist das Unsterbliche, das Unsterbliche ist die Liebe.

EIGENLIEBE ALS LEBENSKRAFT

Das Leben, wahrhaftig, ist schön und rein in seiner Kraft, und mit wie geringem Aufwand vermag der Mensch diese Reinheit zu zerstören. Durch Eigennutz nämlich und Lieblosigkeit, was dasselbe ist, beschmutzt er das Reine und zerstückelt er die Kraft und schwächt sich selber! Ich suche mich daher immer in den weiten Räumen der Weisheit aufzuhalten, der Schönheit und der Güte, und wenn die Welt sich davon entfernt, will ich sie nicht richten; eines stillen Bedauerns aber vermag ich mich nicht zu erwehren. Ich versuche hochzuziehen, was sich nach unten senkt, und nie verlässt mich die Sehnsucht nach einem Höheren. Alles, was erhebend ist, kommt von oben! Wir kommen also nicht umhin, alles *Erhabene* als etwas Höheres zu bezeichnen. Verlassen wir uns also nicht allzu sehr auf das allzu fest gefügte Eigene, das allzu oft in den Niederungen lebt und forscht und hofft.

Ich habe vieles erlebt und erkannte in der Kraft des Unfasslichen, dass all meine Erfahrungen niemals abschliessendes Wissen, sondern bloss Pforten sind zu neuen Erkenntnisbereichen, nicht Antworten also, aber Fragen, die sich aus dem undifferenzierten Ungefähren an mich richten. Erfahrungen sind für mich Erkenntnisimpulse, Samen auf dem

EIGENLIEBE ALS LEBENSKRAFT

Acker der Wahrheit. Das Leben ist Erfahrung, und im Licht des vorher Gesagten ist jede Erfahrung ein Anfang (*). Alles will immer neu sein, das erste Mal, mit hellerem Bewusstsein erleuchtet und geliebt und meine Eigenheit durchdringend. Ich versage mir das verstarrende Gewohnte, indem ich das Erreichte immer als Anfang eines Kommenden sehe, ein Niedrigeres, bezogen auf ein noch unerreichtes Höheres. Mein Eigenes, mein Selbstbewusstsein, übt und stärkt sich in der Gegenwart an der Kraft des Zukünftigen. Alles Erlebte will mich Liebe lehren, auf dass sich meine Eigenliebe über das Eigene erhebe.

Die Verminderung des Eigenen

Da, wo das Eigene das Andere nur in Beziehung zu sich selber sieht oder es einfach negiert, da ist Lieblosigkeit. Wenn Menschen lieblos ihr Leben teilen, so verbindet sie nichts anderes mehr als gemeinsame Sorgen, eine gemeinsame Geschichte, die in

---

* Alles Erleben ist Saat einer möglichen Frucht, potentielles Werden; Potential, lat. potentia = Kraft.

EIGENLIEBE ALS LEBENSKRAFT

der Erinnerung lebt, und ein gemeinsames Nebeneinander im leer gewordenen Raum endloser Gewohnheit. Solche Menschen haben kein Heute! Wo ist da noch die lebendige Kraft, die Leben spendende? Was bedeutet ihnen noch die Gegenwart? Krank sind sie oft und leidend, und sie kränken und beleidigen und merken es kaum. Wie viele sind in sich selbst verliebt und doch, wie gering achten sie sich selber. Ein trauriges Bild. Ein liebloses Gemälde.

Die Einsamkeit im Eigenen ist unerträglich!

Das Eigene dem anderen öffnen, ist der Anfang des Erwachens der Liebe und gleichzeitig der damit einhergehenden Verminderung des Eigenen, einem Sterben, das dem Leben dient. Das irdische Menschsein ist eine unausgesetzte Auseinandersetzung mit dem Tod. Ich erlebte, wie es der Leser selbst unschwer erleben kann, dass alles vorübergeht. Alle Dinge, alles Gewordene und damit auch meine Existenz. Aber die Liebe?

In meinem Dasein fliesst das Leben, in der Liebe erwacht es!

Zeit und Ewigkeit! Der Mensch ist ein Vorübergehender. Wenn er sich des Todes in der Zeit nicht mehr erinnert und einem Leben in der Ewig-

EIGENLIEBE ALS LEBENSKRAFT

keit keine Wirklichkeit schenkt, wird ihm das Leben eine komplizierte, verfängliche Geschichte, in der der Geist sich allzu leicht in der Welt zerstreut und verliert. Das geschieht dadurch, dass er sich mit selbst geschmiedeten Ketten an das Eigene bindet. Das Leben schläft, das Bewusstsein ist geblendet im kreisenden Denken, die Seele hungert in der Nichtigkeit der Gefühle.

Wie gut kenne ich diese innere Leere, diese geistige Ohnmacht! Ich habe Ihnen erzählt, wie *Der Panther* mich aus diesem unbedeutenden, sich vergeudenden Leben riss, wie er eine Bresche schlug, damit mein Atem wieder weiter werde und die Brust sich öffne; wie mir die Poesie eine Richtung wies in Reiche, die ich nicht gekannt; wie Liebe mich ins Leben rief. Solcherart ward ich wacher, und mit siebzehn Jahren endlich bereit für meinen ersten Lehrer: *Fedor Michailowitsch Dostojewskij*. Seine Wesenheit und seine Kunst führten mich an eine innere Schwelle, die ins Reich des Geistes führte. Nicht mehr war ich verurteilt, in den Fesseln des bloss Eigenen zu liegen. Ich bin aufgestanden, und er hat mich aus über hundertjähriger Entfernung aus meinem oberflächlichen Weltleben zu sich geholt und mein Geistesleben in

Gang gesetzt. Seine Liebe hat etwas in mir wach gerufen, das nie mehr eingeschlafen ist. Ich blickte auf, und es ward Leben. Ich liebte ihn, und immer noch, und seither sind viele grosse Seelen diesem hohen Kreis aus den Reichen jenseits des irdischen Lebens beigetreten, und nie habe ich aufgehört, sie zu lieben. Ich habe mich ihnen geöffnet und die, in ihren Werken gebundene, lebendige Kraft hat meine Eigenheit verwandelt, mit Kunst und Weisheit durchdrungen, und durch die Kraft der Liebe befreit sie mich allmählich von der mentalen Lüge, der Beschränkung des Eigenen. Nach bestem Vermögen diene ich in solch brüderlicher Gesellschaft dem Guten, Wahren und Schönen. Diese stelle ich weit über allen Weltglanz, über alle billige Moral und natürlich über das Selbstgefallen des Eigenen.

Ich liebe a priori, doch ziehe ich mich zurück, sobald das Geliebte sich selbst verherrlicht, denn nicht dem Eigenen, der Liebe dient die Liebe. Wo das Eigene Liebe wird, sich breitet, verströmt und erhebt, da ist Würde und Güte und Umarmung. Durch die Liebe, durch das Liebenkönnen und das Geliebtwerden, entzaubert sich das Eigene aus seiner Verstarrung. Da, wo Liebe ist, befinden wir uns im Reich der Wahrheit und des Lebens. Da, wo das

Eigene regiert, ist das Reich des Verstandes und der emotionalen und sinnlichen Bedürfnisse. Nicht immer willentlich ist man hier verwickelt, oftmals unbewusst oder besser gesagt: unwissend!

Ich erinnere mich: Ich hatte die Turbulenzen meiner Pubertät noch nicht abgelegt, als ich innerhalb weniger Monate und zum ersten Mal den darstellenden Künsten begegnete. Friedrich Schillers *Maria Stuart* und die *Hochzeit des Figaro,* von Wolfgang Amadeus Mozart, sogen mich derart in ihren magischen Kreis, dass ich mit meinen Augen eine neue Welt zu sehen glaubte – da versank die alte, und etwas Neues tauchte auf aus meiner Tiefe. Das Eigene war hier noch nicht ganz zugefroren und daher wohl schmolz mein, von mir selbst noch wenig belastetes, Bewusstsein in diese geistverwandte Sprache und Musik hinein. Damals ward in mich der Keim gelegt, das Eigene vor allem dazu zu gebrauchen, das Grössere zu suchen und aufzunehmen, denn ein Geheimnis, wenn auch damals noch schleierhaft, hatte sich mir kundgetan: Das Erhabene, das mich trifft, berührt mich in dem Masse nur, wie es Teil ist von mir selber … und ich werde in dem Masse lebendig, wie dieses in mir erwacht; Wachsein aber ist lieben!

Die Eigenliebe ist das Stück Liebe, das uns zum Lebensgeschenk (*) geworden ist, um mit der uns *bewusst* gewordenen Liebe das Eigene zu überwinden und mit neu erwachtem Geistesauge Göttliches zu sehen und uns selber zu erkennen. Lieben ist Leben in Gott. (**)

DIE LIEBE ALS LICHT DES EIGENEN

Wer solcherart liebt, lebt zwar unter Menschen, aber zugleich in der stillen Gesellschaft der Götter. Von da allein stammt alle Kraft, mit dem Leben umzugehen. Hier erinnert die Liebe an den Tod (des Eigenen!) – weil sie das unsterbliche Leben ist! Der Lauf der Welt ist eine gewaltige Liebesgeschichte.

Alle Verderbnis ist vorübergehend, alles Erhebende ist ewig.

---

*   Die erste Antwort auf ein Liebesgeschenk ist Freude und hernach Dankbarkeit. Dies gilt für alle Gaben und Begabungen, die der Mensch erhalten hat und die ihn individualisieren.

**   Wenn Leben Liebe ist und Gott Liebe, dann *leben* wir in Gott!

DIE LIEBE ALS LICHT DES EIGENEN

Die Liebe, die ich lebe, das ist das Göttliche, das ich bin!

Die Liebe in mir ist das Göttliche, das mich, als ein Eigenes, zum Göttlichen führen will. Die Liebe steht zur freien Verfügung meines freien Willens, und der freie Wille ist Ausdruck des Eigenen. Sobald dieses Liebeslicht meinen Ängsten und Wünschen unterworfen wird, fällt mein vergänglich Eigenes in den dunklen Schatten seines Wahnes, ist das Bewusstsein getäuscht und die Lebenskraft geschwächt. Hier lebt der Mensch als ein Bewusstsein seiner begrenzten, vergänglichen Form und findet sich in einer begrenzten, vergänglichen Welt, allen Zufällen seines eigenen, vergänglichen Schicksals ausgesetzt.

Und hier die Frage:
- Soll ich mit meiner Liebe mein Eigenes lieben, sie ihm gleichsam unterordnen, oder soll ich meinem Eigenen die Liebe als Leitstern an den nächtlichen Himmel setzen?

Das lebendige Leben – das können Sie leicht nachvollziehen – ist spürbar in der Liebe und in der Schönheit. Diese entreissen der Seele das Schwere, sie inspirieren die Freude und das Gute und sie

DIE LIEBE ALS LICHT DES EIGENEN

vergeben das Böse (*), sie ersticken allen Egoismus (**) und erwecken die Tugend. Alles Hohe enthebt die Seele den Niederungen der Welt. Der Künstler stellt das Unsichtbare dar, der Leidende öffnet sich dem Unsichtbaren, der Weise spricht über das Unsichtbare, der Liebende lebt im Unsichtbaren. Alle sind sie uns leuchtende Fackeln, die den Pfad des Lebens erleuchten.

Auf dem geistigen Pfad muss, früher oder später, das Eigene sterben, um als Liebe wiedergeboren zu werden.

Solche Geistesphänomene sind dem Verstand ebenso rätselhaft, wie sie den Sinnen unfasslich sind. Dieses Mysterium lebt, seit die Welt erschaffen ward, in Bildern und Mythen, in heiliger Tradition, in der Kraft der Symbole, in der Weisheit und in der wahren Bedeutung eines jeden Schicksals.

In der Eigenliebe ist der Himmel in der Welt, das Ewige in der Zeit verborgen. Aber es gibt keine Zeit, es gibt nur einen mehr oder weniger bedeckten Himmel. Die Eigenliebe ist das Symptom einer mehr oder weniger erkrankten Liebe.

---

* Das Böse ist immer Unwissenheit. Der Mensch ist nur deshalb böse, weil er vergessen hat, dass er gut ist!

** Egozentrik wird Theozentrik.

Der wahre Zustand des Menschen ist es, ein Liebender zu sein! Dann wird das Leben ein Kinderspiel, oder besser noch: ein Spiel der Götter.

DAS HIN UND HER DER KRÄFTE

Alle geistigen Werte – im Gegensatz zu den persönlich eigenen Werten – stammen aus der Liebe und gehen letztlich in ihr auf. Jeder echte Wert ist eine Kraft, ist eine Tugend (*). Das Leben selbst ist eine Liebeskraft, will eine Tugend sein. Wer sich durch die Verhärtung des Eigenen von der Liebe trennt, verfällt dem Laster. Das Laster lästert das Gewissen, und der gewissensarme Mensch verliert die Orientierung. Gleich wie das Liebesfeuer alle Laster verbrennt, werden dieselben von der Lieblosigkeit gefördert. Eine lieblose Welt ist lasterhaft, gemein und dem Bösen zugeneigt. Das verfinsterte Eigene ist immer blind. Die schwächliche Kraft des Lieblosen wird leicht auch zum Irrlicht der Dummheit. Wer das Laster zu überwinden sucht, wird

---

* frz. *vertu*, engl. *virtue* aus lat. *virtus* = Mut, Wachsamkeit, Kraft

erkennen, wie die Liebe ihn reinigt und sein Wille erstarkt. Kraftlos ist alles Lieblose und schläfrig, daher anfällig für alle denkbaren und undenkbaren Geistestäuschungen.

Ein liebender Mensch ist vor vielem geschützt. Ich habe in meinem Leben immer wieder erlebt: Ein wohlmeinender, gütiger Mensch kann weder wirklich dumm noch böse sein; ein liebloser Mensch ist meist beides. Ich habe weiter erlebt: Das Kleinste in der Welt, wenn es dem Himmel (der Liebe) verbunden ist, ist gross. Grosses aber, das ohne Liebe ist, wird klein und unbedeutend. Wer anderen wissentlich schadet, ist der Liebe verschlossen, ist, als ein von der Liebe Ausgeschlossener, eigentlich schon tot.

Ein liebender Mensch kann mit seinem Eigenen nur Gutes tun und inspiriert damit die Liebe in den dazu Bereiten.

Und hier meine erste grosse Lehre zu dem eben Gesagten: Ich hatte wohl kaum das zehnte Jahr hinter mir, als ich mit einem Einzahlungsschein, wie es damals üblich war, und dem nötigen Bargeld auf die Post geschickt wurde, einen Betrag im Namen meiner Grossmutter zu überweisen. Das damals gebräuchliche Postbüchlein und die paar Scheine in der kleinen Hand, stand ich auf Lendenhöhe neben einer mir bekannten wohlhabenden Dame. Vor uns am Schalter mühte sich eine alte, ärmlich gekleidete Frau, zerknitterte Geldscheine mit klammen Fingern aus verborgenen Winkeln eines grossen, dunklen, faltig ausgedienten Lederbeutels herauszuziehen. Noch verstand ich kaum, was Geld bedeutete und wie relativ die Summen sind. Sicher wusste die Dame neben mir besser Bescheid und vermochte den Betrag den Verhältnissen der alten Frau zuzuordnen. Es ist mir aber erinnerlich, wie sie sich plötzlich etwas vorschob, ihre weiss behandschuhte Hand auf den runzligen Geldbeutel legte und ruhig sprach:

- Lassen Sie nur, ich werde das übernehmen.

Nicht so sehr die Tat hat mich beeindruckt, fand ich dies alles doch durchaus in der Ordnung und der Dame angemessen, aber der Blick, den die alte Frau der Dame schenkte! Es schwamm darinnen eine Träne im Lichterglanz der Dankbarkeit (*), und zum ersten Mal erlebte ich *bewusst* ein Liebes-

---

* Undankbarkeit aus Unverstand ist ein viel verbreitetes Übel unserer Welt. Wie oft habe ich bemerkt, wie Begabungen und Glückssträhnen des Schicksals mit Eitelkeit und Grössenwahn beantwortet wurden, anstatt mit Dankbarkeit und Demut.

licht in den Augen eines mir fremden Menschen. Tief gerührt empfand ich meine augenblickliche Verbindung mit der alten Frau und ebenso empfand ich eine herzerwärmende Dankbarkeit der grosszügigen Dame gegenüber. Meinem jugendlichen Geist ward der Impuls des Grossmuts erweckt, und ich *sah* die Schönheit der Barmherzigkeit. Ich habe sie nie mehr vergessen.

Grossmütig und barmherzig ist die Liebe, unabhängig wird der Mensch, wenn er, endlich unverhaftet, nichts mehr für sich will. Weil er in der Liebe *alles* hat und es nimmer verlieren kann! Was immer er an Liebe verschenkt, er verliert es nicht. Und das grösste Geschenk, das er hingeben kann, ist sein Eigenes! So frei muss der Geliebte sein, dass er sich selber schenken kann. Das Geheimnis solchen Freiseins liegt also viel mehr im Nichts-mehr-Wollen denn im Verzichten und Entsagen, auch wenn ihm dieses vielleicht vorausgegangen ist.

Das Eigene schenkt seine Liebe und erhält sie doppelt zurück.

Ich selbst empfand mein Eigenes im Dienst der Liebe zum ersten Mal mit etwa vierzehn Jahren. Damals – es war schon Abend geworden – promenierte ich mit einigen Klassenkameraden im Zentrum meiner Heimatstadt. Die Strassenbeleuchtung war schon eingeschaltet und erhellte mit mildem Licht das Kopfsteinpflaster und die gotischen Hausfassaden, und mit lautem Lachen begleiteten wir unsere ziellosen Gespräche. Vor uns ging schwankend ein Mann und steuerte mit angetrunkenem Instinkt auf eine, mit rot-weissen Papierstreifen markierte, Baugrube zu. Wie nicht anders zu erwarten, durchbrach er stolpernd die Schranke und fiel geräuschlos und staunend in den nicht sehr tiefen Graben. Es war ihm zwar kein Leid geschehen, doch um herauszukommen reichten weder seine Kräfte noch die Koordinationsfähigkeit seiner Glieder. Das Gelächter meiner Kameraden kommentierte sachlich den Fall, den sie natürlich vorhergesehen, vergnügten sich an den ungelenken Befreiungsversuchen des Gestürzten und zogen, da sie bemerkten, dass keine ernste Gefahr für den Gestrauchelten drohte, mit Herrenmienen weiter. Da blieb ich – nach einem ganz kurzen Zögern – zurück, und ohne Angst, mich dem Spott meiner Begleiter auszusetzen, stieg ich in die Baugrube und half dem Mann im Schmutz, die kleine, erdige Böschung zu ersteigen. Auf der Strasse angekommen, marschierte dieser, das Lied seiner Befreiung auf den Lippen, mit dem ihm eigenen Seemannsgang weiter seines Weges. Wir hatten nicht mehr als ein paar halbverstandene Worte miteinander gewechselt, aber noch spüre ich die helle Kraft in mir, jetzt, da ich darüber schreibe, die der Mut mir damals schenkte, da ich mich bewusst, im Widerspruch zum Weltgelächter meiner Freunde, in den Dienst des Guten stellte. Ich ahnte hier zum ersten Mal, dass wahre Freundschaft sich nur in der Bruderliebe findet. Und ich erkannte auch, dass, wer im Dienste des Guten, Wahren und Schönen den Spott der Welt fürchtet, die Wahrheit niemals lieben und auch nicht finden kann. So relativ ist Zeit, dass fünf Minuten reichen und ein Bild, ein Leben lang zu leuchten.

Wer in der Welt nichts mehr begehrt, liebt, von ihr gelöst, den Gott. Er ist frei in der unteren Welt, weil das Eigene sich nach der oberen richtet. Solche Freiheit (*) ist der Tod des Eigennutzes und der Eitelkeit. Es ist eine Art Gottergebenheit, und Sein Licht erhellt das meine, das ja auch das Seine ist.

---

* Die Liebe ist die einzige Macht, die die Freiheit zur Voraussetzung hat.

DAS HIN UND HER DER KRÄFTE

Wenn das Eigensein sich auflöst, bleibt nur noch Liebe, die sich verströmen will. Die Liebe ist der Schlüssel zum Leben, sie ist die Poesie (*) des Lebens; in ihren Augen spiegelt sich die Wahrheit, auch wenn die Welt sie nicht erkennt.

Menschliche Liebe führt zur göttlichen Liebe, das Endliche führt zum Unendlichen, weil es Teil von ihm ist. So habe ich immer die Weisheit als eine *Wesenheit* geliebt, eine lebendig-wirkliche Kraft, die weit über dem intellektuell-sinnlich Fassbaren wirkt. Da ich sie mehr liebe als menschlichen Tand, ist mir dieser auch nicht sehr wichtig. Wenn ich ihn verliere, lass ich ihn ziehen, denn mir bleibt die Weisheit, unberührt und ungetrübt, und ich kann sie lieben und in ihr leben, und niemand und nichts kann sie mir nehmen. Deshalb, sobald ich den Ausdruck der Weisheit in einem Menschen erkenne, liebe ich ihn. Es sind dies die Würde und die hohe Kraft der *Liebes*treue in der Frau und des *Geistes*adels im Mann. Gütige Menschen!

Sehen Sie, wem es gelingt, die vorerwähnten Bedürfnisse und Ängste des Eigenen zugunsten der Liebe zu überwinden, der überwindet auch die

---

* Poesie aus grch. *poiêsis*, Schöpfung, Tat; *poiein*, wirken, tun.

Welt. Das sind machtvolle Worte, ungewohnte Verstandeskost. Wahrheit ist zwar immer einfach, dafür aber tief und intensiv. Wem das Oberflächliche, Leichtlösliche gefällt, der kann sie nicht verdauen. Wenn ich solche Dinge schreibe, denke ich nicht an das im Gedächtnis Gespeicherte, sondern ich denke an die verborgenen Fragmente überpersönlicher Erinnerungen in der Seele, die sich dem Bewusstsein dann erst offenbaren, wenn ein Unbekanntes sie im Finstern erleuchtet. In diesem Geiste kenne ich Menschen, die hören das gesprochene Wort, aber sie verstehen es nicht; und andere wiederum, die hören kaum das Gesagte, aber sie verstehen es, weil in ihnen etwas wach geworden ist.

Alle Kraft wirkt dreigeteilt in der Welt: aufbauend, beharrend und zerstörend. Werden, Sein, Vergehen. Geburt, Leben, Tod. Die Kraft im Geist will *nur* die Wiederherstellung der ursprünglichen Einheit: die Liebe. Aus eben dieser Kraft ist auch das Eigene geschaffen und geformt. Ich.
- Was soll ich tun mit dieser Kraft?, vernahm ich, vor nicht allzu langer Zeit, im lichten Raum die Frage; welche Werte, wenn Du nur drei Worte zur Verfügung hast, wirst Du wählen?

DAS HIN UND HER DER KRÄFTE

- *Respekt vor allem Leben*, gab ich mir selbst zur Antwort, *Würde vor mir selber* und *Dankbarkeit für alles*.

Wir wollen leben, uns nicht verlieren im Eigennützigen, uns nicht beschränken auf die Täuschung unserer Namen und Biographien, unser irdisches Wissen und alles ach so Vergängliche, wir wollen nicht das Kleid verwechseln mit dem Leib. Wahrlich, wir wollen uns selbst erkennen: die Liebe im Eigenen. Nur als *Eigenes* können wir lernen; in der *Liebe* ist alles Gewesene bloss noch ein Traum, Licht gewordene Erkenntnis (*).

Wir wollen das Eigene lieben, wie die Mutter ihr Kind, immerfort das Ziel der Vollendung vor Augen: die Auflösung und Wiedereinswerdung des Eigenen in der Liebe.

---

* *Ich bin zu Ende mit meinen Träumen, was will ich unter den Schläfern säumen*. Aus Franz Schubert, Winterreise, Im Dorfe

III. TEIL
DIE LIEBE

Das ewig Weibliche zieht uns hinan

J. W. von Goethe, Faust II, Ende

DIE LIEBE

Die Liebe schläft nie! Sie ist zeitlos, unverbraucht, ewig jung.

Manches Mal schon bin ich aufgeschreckt, da mich ein Spiegel angeschaut und mein Lebensalter mir entgegenblickte. Sechzig Jahre schon blüht und welkt mein Körper hier, und die Spuren seines herbstlichen Daseins sind unverkennbar. Aber, merkwürdig, mein Bewusstsein bleibt davon unberührt. Seit vierzig Jahren schon empfinde ich mich dreissigjährig und dreissigjährig werde ich sterben. Von dem Zeitpunkt an gerechnet, da mein Eigensein sich ausgeformt und mein Bewusstsein als eine Persönlichkeit selbstbewusst die Bühne der Welt betreten hat, empfinde ich in mir jene Kraft, der ich mehr verbunden bin als meinem Körpersein – *die Liebe*. Ihr galt des Jugendlichen Hingabe und geistiges Interesse. Dass die Liebe mehr ist als sentimentales Wohlsein und sinnliche Berührung, hatte ich rasch begriffen. Sie ward mir zum hohen Sinn des Lebens, und alle Weisheit – wie oben schon beschrieben –, des bin ich sicher, findet hier

DIE LIEBE

ihren Ursprung und ihr Ziel. Meine Gesinnung, die Richtung meines Herzens, die Sehnsucht meiner Seele, die Fragen meines Geistes haben sich seit dieser frühen Erkenntnis nie mehr verändert. In jugendlichen Frühling (*) versetzt mich diese Lebenskraft heute noch wie damals schon. Ich habe erkannt: Das wahre Alter eines Menschen errechnet sich an seiner Liebeskraft, wie die Reife einer Frucht an ihrer Süsse.

Was sich in all den Jahren meines Daseins in mir am eindrucksvollsten verändert hat, ist die wechselnde Intensität meiner Verhaftung an die Welt, in der ich wirke. Als Jüngling verband ich die in mir herrschende Liebe einer Welt, die ich verändern wollte, in der ich wenig Liebe sah und die ich, von humanistischen Gefühlen und Gedanken beflügelt, zu verbessern suchte. Vieles hatte ich damals noch nicht begriffen. Die verschlungenen Pfade der Wahrheit erkannte ich nicht, und die Weisheit, obzwar ich sie liebte, trug noch viele Schleier. Die Menschen, von Eigeninteressen fehlgeleitet und vom Unverstand getäuscht, waren mir

---

* Je reifer, das heisst auch: je reiner eine Seele wieder wird, desto mehr wird sie wieder Kind, göttliches Kind.

DIE LIEBE

keine Vorbilder. Noch sah ich nicht das Licht der unfasslichen, geheimnisvollen Liebeskraft, durch die allein alles ist und wird und stets schon war, die alles wirkt, die Freude und das Leid, den Schmerz und die Trauer und die Lust, zum Schauspiel der Götter und zur Genesung der Seele! Das Heil aber ist die Liebe. Wie sind wir doch Werkzeuge in der Hand der Vorsehung, wie sehr sind wir Notwendigkeit im Spiel der Götter und mit dem Geschenk des freien Willens zur Selbstgestaltung unseres Weges (*) aufgefordert. Es war die von mir geliebte Weisheit, die sich mir in winzigen Stücken offenbarte, die den Vorhang ein klein wenig zur Seite schob, und jede noch so geringe Erkenntnis ward mir ein Lichtstreifen in meinem dunklen Weltverstand und eine entbundene Liebeskraft in meinem Geist. So löste ich mich allmählich aus meiner Verhaftung an das Weltgeschehen, und als ein heiliges Theater begann ich es zu verstehen und zu lieben. Ein göttliches Spiel, wie es die alten Weisen schon gelehrt. Jede Geschichte ein Stück des Ganzen und Zeuge von ihm. Alles dient dem Menschen, dem

---

* *... denn freie Willenskraft und Bestimmung durch das Schicksal liegen nahe beieinander.* (Pythagoras, Die goldenen Verse)

Aufstieg seiner gefallenen Seele und der Erleuchtung seines Geistes.

Weil mein Bewusstsein sich mehr in meinem Geist befindet als in meinem Körper, ist es jung – oder eben, dreissig Jahre alt. Den Menschen erachte und achte ich als eine göttliche Komposition, die das Bewusstsein als Schicksal erlebt und nach Möglichkeit spielt (*). Ich versuchte immer, dies Lied zu erkennen; und als ich die Harmonie[12] erkannte, in der ich – wie jedes Lebewesen! – mitzuklingen aufgefordert war, gab ich ihr den Namen: Liebe.

Wenn zwei Wesen sich lieben – darauf werden wir noch zu sprechen kommen –, fügen sie sich zu einem harmonischen Akkord und verbinden sich miteinander; jeder Missklang beeinträchtigt dann beide, und die Harmonie, die Kraft ist und Schönheit, zerfällt. Solcherart schwächen oder stärken sie einander. Das ist die Verantwortung und das

---

* Es kam mir immer so vor, als würden grosse Musiker die Musik aus ihrem Instrument herausholen, während alle anderen ihre Musik ins Instrument hineinspielen. Genauso kann man sich selbst in sein Schicksal hineinspielen – das Kleine ins Grosse – oder sich aus diesem herausholen – mit dem Kleinen das Grosse. Das eine ist schwerer, das andere ist leichter, verlangt aber mehr Hingabe und Übung.

DIE LIEBE

Wagnis jeder Liebesbeziehung: Der Gesang der Liebe. Was für ein Lied wird es sein? Es übernimmt der eine des anderen Schwingung, und was jener singt, berührt auch diesen. Dieselbe Schwingung finden die Liebenden im Namen des Geliebten, in den gegenseitigen Geschenken, wie auch in ihren gemeinsamen Erlebnissen ... und jeder Missklang verändert die Schwingung nicht nur des Gegenwärtigen, sondern auch des Gewesenen. Ist es nicht verwunderlich, wie das Charisma des Geliebten sich auf alle Gegenstände überträgt, die dieser berührt und mit denen er in Verbindung gestanden? Mit dem Welken einer Liebe verändert sich zugleich die Beziehung zu diesen Dingen und Umständen. Ihre Bedeutung wird eine andere, sie reden andere Worte und beleben andere Gefühle, wenn das Charisma der Liebe sich ihnen entzieht. Manchmal spreche ich laut den Namen der Geliebten und spüre in meinem Herzen, wie die Kraft der Liebe Wellen wirft. (*) Die Anrufung der Götter, das Gebet, in-

---

* Hier, in dieser Freude, fühle ich dann deutlich, dass es nicht darum geht, das Eigene zu schmücken, um die Verliebtheit anderer zu locken, sondern darum, in mir die Liebe zu befreien, damit ich sie verschenken kann!

spiriert dieselbe Kraft im Menschen. Liebe ist Gebet, lieben ist beten. (*)

Die Liebe, das ist die Auferstehung des Lebens aus dem Eigenen, es ist die Befreiung des Bewusstseins. Bezogen auf das Eigene, ist es eine göttliche Enteignung. Aus dem entwirklichten Eigenen wird bewusste Liebe. Der Liebende spürt die Sehnsucht nach der geistigen Heimat. Die Liebe selbst – undenkbar und bei allen Erklärungsversuchen doch immer ein Mysterium – die Liebe selbst *ist* diese Heimat.

Alles, was Leben hat, liebt, weil Liebe Leben ist.

Das bedeutet: Unsere Liebesfähigkeit definiert die Nähe zu unserem Ursprung.

Im Übrigen erkennen wir aus dem Gesagten, dass das Geliebte für uns immer Gottähnlichkeit hat.

Warum?

Weil Gott Liebe ist. Es ist ganz unmöglich, im Geliebten etwas anderes zu sehen als ein Stück Gottheit.[13] Liebe ist erleuchteter Geist. Da, wo wir wirklich lieben, ist das Geliebte, ebenso wie der Liebende, ein bisschen Götterkind geworden. Von der Liebe zu

---

* Der weise Volksmund spricht mit Recht vom Geliebten als dem Angebeteten, von der Geliebten, die man vergöttert.

Gott leitet sich jede menschliche Liebe ab. Der Weisheit Spruch des: *Liebe und tue, was du willst*, ist nur dann Gesetz, wenn man mit einem Gott der Liebe verbunden ist, niemals aber, wenn die Befriedigung eigener Begehren das Liebe-Zepter führt. Die Liebe zur Weisheit, das Wissen um Würde und Unsterblichkeit lässt das Alleinsein mit sich selber zum Anfang eines neuen, freien Lebens werden. Keine irdische Begier nach Besitz, in welcher Form auch immer, keine Eifersucht, kein Neid, keine Eitelkeit ... denn immer ist das, was ich liebe, höher als alle Welt! Das ist das Ringen meines Lebens.

Die höchste Liebe ist ein Jenseitiges, und sie erleuchtet und erhebt das Diesseits in all seinen Erscheinungen.

DIE LIEBESTAT

Jede Blume ist eitel im Ausdruck ihrer Eigenheit, aber sie lebt nicht sich selber, sie lebt ihrem Gott und Schöpfer. Der Mensch sollte dasselbe tun. Die Liebe Gottes hat ihm – als Krone der Schöpfung – das Eigene zum *Bewusstsein* gebracht, den Liebesfunken seinem freien Willen überlassen ... mit dem Auf-

DIE LIEBESTAT

trag, durch die Liebe das Eigene zu überwinden. Die Tat der Liebe ist die Überwindung des Eigenen und – wie oben schon gesagt – die Überwindung der Welt, die dieses Eigene in ihrem Zauber hält (*). Die Kraft der Liebe im Eigenen allein vermag die irdischen Bindungen zu lösen und das Eigene der grossen Liebe zuzuneigen. Diese Liebe öffnet im Menschen geistige Fähigkeiten und ermöglicht ihm, mit neuen Augen *das* Leben zu sehen, von dem – der aufmerksame Leser weiss es schon – sein eigenes Leben ein Teilchen ist und doch das Ganze in sich birgt! Mit helleren Augen blickt er von da an in die Welt. Solcherart ist mir selbst vieles bedeutungsvoll geworden, was anderen belanglos ist. Sie vernachlässigen oder übersehen, was mir zu *erheben* Auftrag ist und Freude. Sie spüren nicht die Kraft, der Liebesraum bleibt ungeöffnet.

Die Liebe ist immer, das heisst: in Ewigkeit, dieselbe, sie ist Eins (**). Der Liebende ist alterslos,

---

* Götterspiel *und* Weltenspiel. Das eine will erwecken, das andere will den Schlaf verlängern.

** Was immer sie lieben, erzeugt in ihnen das sichere Gefühl, sie hätten es schon immer gekannt ... und das Geliebte wollen sie für immer lieben ... und sterben in der Welt, wenn sie getrennt sind voneinander.

weil sich seinem Bewusstsein ein Stück Ewigkeit verbindet. Der Mensch, dessen Bewusstsein es aufnimmt, wird ein anderer, ein Verwirklicher nämlich, ein Künstler und ein Liebender. Verstehen Sie nun das Wort: *Liebe und tue, was du willst?*

Früh schon in meinem Leben habe ich das Unsichtbare geliebt, jene Kraft, die mich berührt und die niemand sieht. Die Künstler, die mich inspirieren, weilen lang schon nicht mehr auf dieser Erde, doch liebe ich den Geist, den sie uns in ihren Werken hinterlassen. Nichts Wankelmütiges finde ich dort, wie es den Menschen angeboren, die immer wieder in Gefahr geraten, die Liebe zu verraten und das Geliebte zu enttäuschen. Diese, meine Liebe zu den jetzt ungeborenen, aber lebendigen Geistern ist eine ruhige Liebe, die es mir erlaubt, sie in aller Klarheit zu erleben und an ihnen zu wachsen.

Und dies habe ich erfahren: Solange ich das Geliebte liebe, bin ich seinem Einfluss offen, begeistert es mich, und wie geliebte Brüder sind mir die Menschen, die mich solcherart berühren. Diese ausströmende, immer gegenwärtige, sich verschenkende Liebe stösst sich nur an der Eigenliebe der andern, die sich, aus welchen Gründen auch immer, zusperren können. So verschliesst sich der törichte

Mensch auch der Natur, dem grossen Beweisstück Form gewordener Liebe. Sich dem Geist der Liebe öffnen, ist der Anfang aller Tugend.

Da die Liebe – im Gegensatz zum Eigenen – nichts will ausser lieben, drängt sie sich niemals auf. Ihre Tat ist immer *sein*.

DIE LIEBESKRAFT

Die Liebe ist eine geistige, allgegenwärtige, unsterbliche Kraft. Sie ist in jedem Menschen in unterschiedlichem Masse tätig. Wer liebt in der Welt, übt sich in der Liebe Gottes. Würden wir wahrhaftig erkennen, dass Er uns liebt, so würden wir als Geliebte in Seiner Liebe brennen. Wer von uns könnte es ertragen, wer würde es überleben, solange unser Eigenes – das ja verbrannt wird! (*) – mit unserem Bewusstsein identisch ist?

Wir alle haben wohl schon erlebt, wie wunderbar beglückend und erhebend es ist, geliebt zu sein. Geliebt werden aber setzt voraus, dass der Liebende uns kennt, dass er uns erkannt hat! Davon ausge-

---

* Brennen, das ist auch: aufgehen im Feuer

DIE LIEBESKRAFT

hend, dass Gleiches Gleiches, oder zumindest Ähnliches, anzieht, vermögen wir uns vorzustellen, wann und in welcher Geisteshaltung wir für wessen Liebe reif sind. Im Geliebtsein erstarkt in uns die eigene Liebeskraft. Für den Säugling ist die Kraft des Geliebtseins das Leben. Sie ist es auch für uns!, und wir würden es erkennen, wären wir nicht in der eigenen Spiegelwelt gefangen und nennten Leben, was bloss Dasein ist.

Aber zurück zu dem weiter oben Gesagten: Wenn ein Gott uns liebt, weil er sich nach uns sehnt, welch ungeheure Kraft müsste da in uns lebendig werden. (*) Diese Kraft würde uns helfen, Ihm ähnlich und von Ihm erkannt zu werden, auf dass wir Ihn erkennten. (**)

Lasst uns vorerst unter Menschen üben.

Je mehr man erfüllt ist von dem, was man liebt, desto mehr ist man leer vom Eigenen. Der Lieblose ist voll von sich selber, und seine liebeskranke Seele welkt. Jede noch so geringe Liebesregung im Eigen-Bewusstsein lässt ein Stück Eigenes als Asche zu-

---

* Diese gewaltige Liebeskraft heisst auch: Leben!
** *Gott ist ein einzig Ein, was man von Ihm erkennt, das muss man selber sein.* Angelus Silesius

DIE LIEBESKRAFT

rück, und phönixgleich wird immer wieder aus diesem stets sich wiederholenden Sterben ein Stück Leben geboren. Im schöpferischen Menschen, der immer ein Liebender ist, gebiert sich aus dem Eigenen das Werk. (*) In der schöpferischen Arbeit empfindet der Künstler die Geburt seines Werkes aus ebensolcher Liebeskraft wie die Mutter die Geburt ihres Kindes. Beide durchleben das Nämliche: Wehen, Entbindung und unsägliche Freude.

Wenn das Eigene sich aufgelöst, die Hülle zerronnen, die Welt versunken ist, dann bleibt nur noch die Liebe ... in Gott. Da, wo sich in den Menschen das Bewusstsein vorwiegend mit dem Eigenen gleichsetzt, flackert dennoch jene Liebeskraft als ein geheimnisvolles Bedürfnis, geliebt zu sein oder sich liebend zu verschenken. Alles Lebendige ist Liebe – das haben Sie weiter oben schon gelesen – und zu lieben befähigt; bewusst wie der Mensch oder unbewusst wie Tiere und Blumen.

Der Beweis?

Die Liebe kann nur die Liebe lieben.

---

* Das Eigene ist nicht dem Egoismus gleichzusetzen. Es ist das Instrument, zu wirken in der Welt – auch die Liebe –, wogegen der Egoismus die Welt für das Eigene will.

DIE LIEBESKRAFT

Die Kraft der Liebe, die uns alle eint und in der Welt verbindet, ist ein unverstellbares Licht und eine weltenschaffende Kraft. Alle endlichen Wesen sind im Unendlichen verbunden; das Eigene täuscht Stückwerk vor. Tief im Menschen wurzelt die immerwährende Sehnsucht nach der grossen Liebe, der Aufhebung des mühevollen Getrenntseins und dem Aufgehen im unsterblichen Leben. In jedem Herzen lebt diese Kraft, zusammengekauert oft und unentdeckt, doch immer bereit, sich zu erheben.

Ich war zehn Jahre alt, noch in der Unterschule und die Pubertät nur ein Wetterleuchten am Horizont, als ich zum ersten Male von dieser höheren Kraft – höher sage ich, weil es keine physische, sondern eine geistige war – ergriffen wurde. Hier die Geschichte. Mit einem Mitschüler hatte ich auf dem Pausenplatz einen Knabenkampf gekämpft. Nicht weil ich das wollte, sondern weil mein Gegner mich, aus einem nur ihm bekannten Grunde, von hinten angegriffen und zu Boden reissen wollte. Es gelang ihm nicht. Wir befanden uns auf einer Fläche, die, zum Turnen abgegrenzt, mit einer dicken Sandschicht bestreut war. Mein angriffiger Kamerad trug ein Stück Brot in der Hand

– darauf kommen wir gleich zurück –, und kurz nur dauerte der Kampf unter den anfeuernden Rufen der anwesenden Kinder. Als die Schulglocke uns ins Klassenzimmer rief, kehrten wir alle zurück. Ich sass bereits an meinem Platz, da befahl mit rauen Worten der mir nicht sehr gewogene Lehrer – eine unangreifbare Autorität in der damaligen Zeit, auch in den Augen der Eltern – aufzustehen und vor die Klasse hinzutreten. Kaum stand ich da, hielt er mir eine mit Sand durchmischte Brotscheibe vors Gesicht und kommandierte in aggressiver Überlegenheit:

- Iss! Und er wiederholte und wiederholte: Iss!

In dieser Sekunde kristallisierte sich etwas in mir und füllte mein ganzes Wesen aus, *ich* war *es* und *es* war *ich*, klar und durchsichtig, als wäre ein diffuses Licht zu einem leuchtenden Diamanten geworden, der ich selber war. Ich war eine Kraft geworden, die mich meines kindlichen Alters enthob, und in einer, mir bis anhin völlig unbekannten, inneren Ruhe antwortete ich klar und deutlich:

- Nein, und auf jedes ‹Iss› noch einmal: Nein!

Ich wusste, dass ich nicht schuldig war, weder am Kampf noch am sandigen Brot, und es war mir unmöglich, das Ungerechte zu bejahen. Ich blickte

DIE LIEBESKRAFT

dabei dem Lehrer in die Augen, seine Autorität war mir ein Nichts. Nur die Ungerechtigkeit, den feigen Unverstand des Anklägers, empfand ich und meine Unschuld am hinterlistigen Kampf. Es wurden wohl noch einige Worte gewechselt, sie sind mir entfallen, aber, und daran erinnere ich mich sehr, weder hat der Lehrer seine Drohung wahr gemacht, die Schulleitung und meine Eltern über mein ungehöriges Verhalten zu informieren, noch zog es andere Folgen nach sich, ausgenommen unsere Beziehung in den verbleibenden Monaten meiner Schulzeit in seiner Klasse.

Ich war damals während vieler Tage von einer Kraft getragen, wie man sie spürt, wenn ein geliebtes Wesen uns seine Freundschaft schenkt. Ich liebte diese Kraft und liebte es, mit ihr allein zu sein. Etwas Unbekanntes, Hohes war in mir geboren, und ich habe es niemals mehr verloren. Das ist meine erste, bewusste Liebesgeschichte! An welch' goldene Pforte hatte mich dieser übelwollende Lehrer doch unwissend geführt. Es bleibt mir bloss zu sagen: Dank ... und: Liebet Eure Feinde.

Die Kraft der Liebe ist – wir haben es bereits erwähnt – ... übrigens, wenn in diesem Buch das Wort LIEBE so viele Male zu lesen ist, so ist dies dem Umstand zuzuschreiben, dass es in unserer Welt so finster ist und oft auch in den Köpfen und den Herzen, und dass diese Schrift das ihr Mögliche beitragen will, das, in jedem Menschen verborgene, Geheimnis der Liebe zum Leuchten zu bringen – wenn er es nur erlaubt.

Die Kraft der Liebe also ist einerseits ein Raum und andererseits eine vertikale Leiter, die nach oben führt und auf deren Sprossen man steigen kann. Beiderweise verwandelt sich der Mensch. Die Liebe ist niemals ein horizontales Wellenspiel von Erwartung und Enttäuschung, denn dieses gehört zur Welt des Eigenen. Sehen Sie, das Wasser lächelt und freut sich am Tanze seines Wellenspiels; die Welle aber ängstigt sich um ihre eigene Form und ihre Nebenformen – grundlos und vergeblich. Oh, möchte sie erkennen, dass sie Wasser ist wie alle anderen, sie freute sich am Wellenspiel, am eigenen und dem der andern.

Die Poesie des Lebens, das ist die Liebe!

Je mehr wir uns auf das Eigene konzentrieren, ohne der Liebe zu gedenken, desto mehr schwächen wir die Kraft und mit ihr das Leben. Der Beweis – wenn es einen bräuchte –, dass die Liebe Kraft ist, erkennen Sie am Leuchten in den Augen aller Liebenden und Geliebten, erkennen Sie daran, dass sie alles leichter macht – auch das Sterben. Die Liebe ist das Licht, das den Tod überwindet. Sie überwindet die Sünde, den Tod und schliesslich die Urschuld des Menschen. Sie verunmöglicht allen Stolz und alle Eitelkeit, wie das Licht den Schatten. Die Liebeskraft des Geliebten ist ein Stück Leben. (*) Wie unerlässlich ist uns Todgeweihten das Geschenk unsterblicher, göttlicher Liebe!

Das Urbegehren des Menschen – seitdem er vergessen hat, dass er geliebt und Liebe ist –, das Urbegehren des Menschen als *Eigenes* in der Welt ist das *Geliebtwerden*, und zwar so lange, bis er selbst wieder ein Liebender wird! Auf dieser Himmelsleiter gibt es unzählige Abstufungen und Verkleidungen. In ihren pervertierten Formen finden wir das Gefürchtet-sein-Wollen, das Beneidet-sein-Wollen, das Bemitleidet-sein-Wollen usw., auf den höheren Stufen die Wahrhaftigkeit, die Barmherzigkeit, die Vergebung (**) usw. Dem ist noch hinzuzufügen, dass das Männliche mehr des Geliebtseins und das Weibliche mehr des Liebenkönnens

---

* Ein Waisenkind, wer ungeliebt die Welt durchwandert.
** Vergeben ist in dem Masse leicht, wie man etwas mehr liebt als das Objekt des Streites.

bedarf. Es ist wohl mehr verfügbare Liebeskraft im Weiblichen denn im Männlichen!

Ohne Liebe ist das Eigene sich selbst zu viel, es ist sich qualvoll selbst zur Last, es muss nach Liebe suchen. Jenseits der sinnlich-emotionalen Befriedigung, der das Bewusstsein verengenden Begierde, ist die Sehnsucht nach Auflösung in die das Bewusstsein weitende Freude. Darum ist das Bedrängen des Geliebten, das ein verfrühtes Wollen ist, unredlich, weil in solchem Falle keine gereifte Liebe das Bedrängende empfangen kann. Nicht den Widerstand im andern zu bezwingen, das ist ehrlos, sondern die Hingabe zu inspirieren, ist der Geist der Liebe. Die Liebe sucht die Liebe, daher der Ruf des *Liebe mich!*, um noch den letzten Zweifel des Getrenntseins auszulöschen, auf dass Liebe sich der Liebe eine.

Wahrhaftig, die Liebe selbst ist der Weg zur Befreiung der in Eigenes verwunschenen Liebeskraft. Wir können uns das folgendermassen vorstellen: Das Licht des Geliebten ist heller als jenes der Eigenliebe. Deshalb richtet es die Liebe auf und schwächt das Eigene, woraus schliesslich ein Liebender wird.

Die Kraft, mit der ich liebe, will ich veredeln;

DIE LIEBESKRAFT

mit der Eigenliebe mich selber, mit der Liebe die Geliebte. Veredelung geschieht immer im Geist der Liebe und – für den, der weiss, woher sie stammt – im Geist der Dankbarkeit. Durch diese Kraft wird das Gestürzte, das sich mit dem Eigenen vermischte, wieder rein und tätig. Noch einmal: Liebe ist Leben. (*) Daher auch das Wort des Geliebten: Du bist mein Leben, du bist mein Herz, ich sterbe ohne dich, ohne dich kann ich nicht leben. Diese Lebenskraft in allen Geschöpfen zu lieben, führt zu der Erkenntnis, dass wir alle eins sind: Sie in mir, ich in Ihnen, geboren als zeitgebundenes Eigenes, ungeboren als immerseiende Liebe. In der Wirklichkeit dieser Erkenntnis wird aus Selbst-Bewusstsein Liebesbewusstsein, und aus den Teilen wird das Ganze wieder hergestellt. Unsere wahre Wesenheit ist Liebe, das Eigene eine sterbliche Illusion – am Leben erhalten durch unser Bewusstsein und durch die Liebe zur Unsterblichkeit geführt!

Das Liebende, das ist die Kraft. Wer sie zu empfangen fähig ist, wird ein Verliebter, ein Geliebter und ein Liebender.

---

* Die *sterbliche* Welt und das *unsterbliche* Leben! Jeder Liebesimpuls weckt schlafendes Leben. Eine neue Welt entsteht.

DIE GELIEBTEN

Als Kind schon hatte ich die Gepflogenheit – und ich habe sie noch –, die Menschen, denen ich begegnete, vorbehaltlos als bessere Menschen als mich selber zu sehen. Ihre Geschichte, ohne sie zu kennen, scheint mir wertvoller, nützlicher und den Menschen dienlicher als meine eigene. Respekt ist die erste Auswirkung solcher Gesinnung, die zweite aber ist die nimmermüde Frage: Stimmt es? ... die dritte ist eine ununterbrochene Achtsamkeit, mit der ich diese Menschen nun jener Grösse gegenüberstelle, die ich ihnen so a priori zugestanden habe. So bin ich zahllosen Menschen sehr nahe gekommen, ohne dass sie sich dessen gewahr geworden sind. Tausend Mal habe ich diese geistige Nähe erlebt und meine Vorurteilslosigkeit, und gleichzeitig meine Menschenkenntnis, geschult. Wie gerne hätte ich nach oben geblickt, zu bewundern, ein hohes Vorbild zu finden und an diesem und durch dieses zu wachsen. Unter den Lebenden habe ich meist vergeblich gesucht und gehofft. Das Eigene steht dem Menschen hier unten im Weg und verdunkelt, was hell sein möchte. Die alltäglichen zwischenmenschlichen

DIE GELIEBTEN

Beziehungen erscheinen mir auch heute noch meist lauwarm, grau, gestellt und allzu selbstgefällig.

Es war mir in meinem Leben vergönnt, sehr viele Menschen kennen zu lernen, in allen Gesellschaftsschichten und auf allen Kontinenten, und ich habe erkannt, dass sie sich nur oberflächlich unterscheiden. Ich habe Verbrecher gekannt, die mehr Menschenliebe und Glaubenstiefe besassen als geistliche Würdenträger, deren Weg ich kreuzte. Doch das ist eine andere Geschichte. Ich habe erkannt, wie eine Gesellschafts-Aristokratie die Weltgeschichte verändert und wie eine Geistes-Aristokratie über die Jahrhunderte die Menschheit bildet und belehrt. Hier die Macht und das Wissen, dort die Weisheit und die Liebe. Hier Zivilisation, dort Kultur (*). Hier die sinnliche Lebensqualität des Eigenen, dort die geistige Bildung durch die Liebe. (**)

---

*   Zivilisation, das ist der Fortschritt; Kultur, das ist die Evolution. Kultur ist nicht Information, sondern Herzensbildung, Geisterweckung durch eine Verbindung zum Überpersönlichen.
** Alle Künste, alle Schönheit gehört ihr zu.

DIE GELIEBTEN

Alles hat seinen Ort und seine Zeit, auch in den Liebesgeschichten. Was aber die Geliebten eint, ist die gegenseitige Erhebung des Geistes aus der Finsternis zum Licht. Es ist die Reise vom Ich zum Du, vom Eigenen zur Liebe. Ich wird Du, das Eigene wird Liebe und Liebeleben wird. In einem liebenden Menschen erkennt jede empfindsame Seele den göttlichen Funken in der Welt.

Die Liebe ist das Leben, das den Geist in den Himmel führt. Die Schwächung beider Geschlechter geschieht durch die Vermischung mit Unreinem. Sie erinnern sich unserer Einführung: Wenn Rot nicht reines Rot und Grün nicht reines Grün ist, entstehen anstelle des weissen Lichtes dunkle Farbtöne. Die Liebe selbst, das weiss ich, ist immer reiner als das Geliebte in der Welt und reiner auch, als ich selber bin. Die Liebe ist das Elixier, das den Liebenden, wie auch das geliebte Wesen, zu einem reinen, oder *wahren,* Menschen wandeln will. Die Liebe ist grösser als das Geliebte!

Ich habe Dich lieb, deutet auf die Sympathie mit dem Eigenen des Geliebten; *Ich liebe* Dich, ist der Ausdruck der Liebe im Liebenden, die die Geliebte erst zur Geliebten macht. Ersteres ist Besitz, das Zweite ist Erkenntnis; anders ausgedrückt: ergrei-

DIE GELIEBTEN

fen oder ergriffen sein. Die Liebe ist das Beständige, unbeständig ist das Eigene. (*)

Im Anfang einer Begegnung ist die Liebe rein wie klares Wasser und deshalb empfindlich und verletzlich. Alles Unreine betrübt. Erst viel, viel später wird die Liebe im Menschen ein aus sich selbst leuchtender Diamant, unbesiegbar und unverletzlich. Ich, der ich noch am Anfang stehe, will als Liebender, wie auch als Geliebter, versuchen, alles Unreine zu opfern, dem Reinen zuliebe. Für mich ist das Geliebte immer ein heiliges Rätsel, das sich mit jeder Umarmung ein bisschen entschleiert, aber niemals ganz. Ich rede hier übrigens nicht von jenem Verliebtsein, das einen bestimmten Menschen betrifft, sondern als ein Liebender will ich reden, der einen Geisteszustand, ein Herzensgefühl, beschreibt. In diesem aber findet er die *eine* Liebe in tausend Gestalten und Formen. Er liebt, wo die Liebe leuchtet, und er reift durch sie, ohne dass das irdische Begehren im Eigenen sich dazwischen schiebt. Doch davon später.

Die reine Kraft der Liebe ist immer – wir sagten es schon – begeisternd. Die stille Gegenwart ge-

---

* Spitzfindigkeiten? Vielleicht. Denken Sie darüber nach.

DIE GELIEBTEN

nügt in ihrer Anmut, durch die Schönheit der Liebe den Geist zu beleben und schöpferisches Werk zu inspirieren. (*) Das ist die Berührung der Muse, jenes zarten, sanften Wesens mit der Kraft eines Gottes.

Ohne Liebe kann man nicht leben. Wenn man sie in der fassbaren Welt nicht findet, muss man sich nach dem unfasslichen Himmel richten.

Die Liebe hält die Begierde zurück, weil das Fleisch vom Geist gezügelt wird; niemals würde ein Liebender das Geliebte gewaltsam bezwingen! (**) Die Begierde aber, wie alles der Eigenliebe und dem Instinkt Untertane, verlangt in der menschlichen Gesellschaft nach moralischen Gesetzen. Die Liebe braucht keine Konventionen, sie unterwirft sich bloss dem Himmel. (***) Alle Liebenden sind sich gleich, Brüder in der Liebe. Liebende und Leidende sind auf ihre Art *Wissende*, sie stehen –

---

* Inspirieren ist Be*geist*ern, ist auch Einatmen, lat. inspirare, der Hauch Gottes, Leben!

** Die Liebe bezwingt die Begierde, niemals aber kann die Begierde die Liebe zwingen.

*** Geistige Gesetze werfen keine Schatten. Wahre Liebe ist ohne Schuld.

wir haben schon früher darauf hingewiesen – über aller Weltbedrängnis; sie erkennen das Welttheater und ahnen seinen Sinn: Überwindung.

Geliebtwerden kann man nicht provozieren, höchstens Bewunderung. Wer bewundert, liebt auf einer ersten Stufe. Würden wir Gottes Werke wirklich bewundern, wir stünden wahrhaftig am Anfang einer Liebe zu Gott. Wer sich selber klein sieht, wird leichter fähig sein zu bewundern, als der von sich selbst Erfüllte. Wer das Eigene grösser als die Liebe achtet, verliert sich im Dünkel. Wären wir fähig, von allem anderen unabhängig, Göttliches zu lieben, unser Leben wäre ein Liebeleben und wir wären zu sterben bereit. Die Liebe fürchtet nicht den Tod, er hat keine Macht über sie. Die Liebe ist ein lächelnder Tod, weil sie das Eigene vernichtet, indem sie es aus der Finsternis ins Licht erhebt. Die Liebe ist ein Verjüngungsbad im Sinne der Gottkindschaft. Kindlich ist sie, rein; kindisch aber, oder tierisch gar, wenn Begierde sie beschmutzt. Wer liebt, ohne etwas Eigenes zu wollen, ohne sich aufzudrängen, wird frei. Freiheit und Liebe aus der Kraft des Geliebten, und zum dritten Mal in diesem Buch: *Liebe und tue, was du willst*. Freiheit ist das Geschenk der Liebe, frei zu lieben, frei, sich zu verschenken. Der freie Mensch.

Die Freundschaft, eine Vorstufe der Liebe, trennt noch den Freund vom Freund. In der Liebe ist auf geheimnisvolle Weise der eine *im* anderen. Daraus entsteht eine menschliche Verantwortung. Das Geliebte lebt im Geliebten und durch dieses, weshalb alles Ungehörige die Seele beben macht. Erleuchtung oder Verdunkelung, beide sind sie Früchte menschlicher Beziehungen. Sie sind Erkenntnis oder Leere, Freude oder Trauer in der Seele, Ruhe oder Unruhe im Geist. In der irdischen Liebe beginnt man sich im Laufe der Zeit entweder zu langweilen, weil sich das Eigene betäubend dazwischen drängt, oder man vertieft sich ineinander und wird grösser durch das unsichtbare Licht der unaufhörlich fliessenden Kräfte in der Gegenwart des Geliebten.

Das Geliebte, das sich hingibt, gibt sein Eigenes hin und wird ein höheres Wesen, und es vermöchte, wäre das Bewusstsein wach, erkennen, was es wirklich ist: Mensch gewordener Geist. Ein, in der Welt, nicht leicht zu erfahrendes Ereignis. Wer aber als ein von der Geliebten Erfüllter lebt, giesst seine eigene, nunmehr befreite, Liebe in die Welt. Da aber *seine* Liebe Teil ist von der *einen* Liebe, ist sie unerschöpflich!

Es fällt mir auf – seit langem schon –, dass die Liebe, die ein Mensch ausstrahlt, von den anderen Menschen durch das Prisma ihrer Eigenart reflektiert wird, das heisst, sie vermögen das Geschenkte nur teilweise, nämlich ihrer Begreifbarkeit entsprechend, wahrzunehmen. In eben solcher Weise ist auch die Kraft des Liebenden ein Haus mit vielen Wohnungen, und alles, was er liebt, hat seinen Raum darinnen: Die Eltern, die Verwandten, die Freunde und die Schüler und die Lehrer, die Brüder und Schwestern, die Weisheit und die Kunst und die Geliebte.

Wer sich nicht abkehrt von der Liebe, der bleibt am Leben.

Immer trug ich das Bild der Geliebten in mir und ich wusste, die Frau, die es darstellt, ist eine Königin ... und als einer Königin will ich ihr immerfort begegnen. Alle Weiblichkeit der Frau ist in der Liebe. Ihre Liebesfähigkeit ist grösser als die des Männlichen, in ihr ist sie reifer und dem Göttlichen näher. Durch die Liebe wird sie dem Mann zur Quelle geistiger Kraft. Immer ist sie der Güte und dem Schönen zugeneigt, sich hingebend aus Liebe und erfüllend das liebebedürftige Gefäss.

Die Liebe, das ist das Kind im Mann und das Göttliche in der Frau. Die Unschuld des Kindes ist jene des Gottes. Doch auch das Umgekehrte habe ich gespürt: Dem Mann ist die Geliebte manchmal ein Kind, und der Frau ist der Geliebte manchmal ein Gott. (*) Das Kind aber *ist* der Gott, das göttliche Kind: *Amor!*

Nun ist die reine Kraft – wie die irdischen Farben – in der Welt zerstückelt und vermischt. Das Männliche, *der Geist*, sollte Klarheit sein und nach der Wahrheit weisen, die rein ist und gut; er sollte mutig das Ungeordnete zur Ordnung führen. Die Seele des Weiblichen, das ist das Sich-Verschenkende, das Ertragende, *die Liebe*, die den Geist erleuchtet. Die zeugende Saat des Männlichen bedarf der empfangenden Erde des Weiblichen. Das Weibliche schenkt die Liebe und den Körper, das Männliche schenkt den Geist und die Kraft. Empfangende Hingabe und Leben zeugende Kraft. In

---

* Die Kosenamen der Liebenden spiegeln oft auf ihre Weise diese Wahrheit, und ihr Ausdruck findet sich in unzähligen Liebesbriefen und -zeugnissen grosser Menschen.

der Welt teilt oft die Frau den Mann mit seinem Werk (Geist), und der Mann die Mutter mit ihren Kindern (Liebe). Beide werden reicher an dem, was sie liebend *empfangen*, doch über beiden leuchte die verbindende Kraft ihrer gegenseitigen Liebe.

Die Liebe verbindet das Getrennte, und ihre Überfülle ergiesst sich in alles.

Menschen sind bekleidet, um ihren Körper zu schmücken und zu schützen. Ihr wahres Wesen aber ist im Geist. Dieses sensible, Nerven durchwobene Körperkleid ist, ob männlich oder weiblich, vergänglich. Das geistige Wesen ist unvergänglich, und es gibt so viele Reifegrade seiner Offenbarung, wie es Menschen gibt auf Erden. Deshalb ist jeder Mensch einzigartig und drückt sich aus in seinem Gesicht ... und im Wort, das er denkt und spricht. Doch schwingt dieses einzigartige Wesen auch in jeder Zelle seines Körpers. Deshalb liebt man nicht nur einen Körper, sondern eben *den* Körper, der die irdisch-stoffliche Verwirklichung des Geliebten ist, die Verkörperung einer Gottheit, dessen Stimme die Liebe zum Ausdruck bringt. Solcherart verbirgt sich in der menschlichen Liebe das Geheimnis des Unverhüllten, der Nacktheit.

Die Nacktheit

Das Eigene drückt sich also auch im Körper aus, in seiner Konstitution, in den Augen, in den Bewegungen, im Klang der Stimme usw. Wir sehen den Menschen, und er sich selbst, zuerst in seinem irdischen Körper, männlich oder weiblich, also zwei; einst aber waren sie geschlechtslos Eins!

Damit ist der Körper Ausdruck des gefallenen Menschen!

Das Geheimnis der zweigeschlechtlichen Nacktheit ist die Offenbarung der Urschuld, des Sturzes, des Getrenntseins, der Unvollkommenheit des geistigen Menschen. Das anatomische Kennzeichen ist die Scham. Die Unschuld im Kind kennt sie so lange nicht, bis das Selbstbewusstsein in der Pubertät, und damit der Geschlechtlichkeit, seinen ersten Höhepunkt erreicht. Das Geschlecht ersteht im Eigenen und erschrickt an sich selber. Dann wird es des anderen Geschlechts gewahr und, irritiert durch das Getrennte, fühlt es sich zu

DIE GELIEBTEN

diesem hingezogen. (*) Erst später, wenn überhaupt, wird es erkennen, dass die beiden Körper auch die vollendete Ausformung der heiligen Prinzipien des Männlichen und des Weiblichen sind ... und mehr noch: ein Abbild des Universums. Aber das ist ein anderes Buch.

Die Liebe weiss um die Zweiteilung in der Form, weiss um Mann und Weib, und sie weiss um das Mysterium des Verhüllten (**), weiss um die Nacktheit und schämt sich ihrer nicht. Nur dem geliebten Wesen, dem anderen, dem fehlenden Teil, durch den allein Vereinigung möglich ist, nur dem geliebten Wesen gehört meine Nacktheit, ihm allein will ich sie schenken.

Das von Kleidern Enthüllte ist die Nacktheit, das vom Eigenen Enthüllte ist die Liebe.

Von der fleischlichen Begierde und vom Eigenen aus gesehen, wird hier natürlich anders argu-

---

* Hier werden verständlich die Kräfte des Weiblichen. Erstens die Kraft des Weiblichen, die Liebe ist, die hinanzieht den männlichen Geist ins Himmlische, und zweitens die Kraft der Materie, des Mütterlichen, die hinunterzieht ins Irdische. Mit der Geschlechtlichkeit, der Bindung des Bewusstseins an die Körper, die Materie, wird die Bindung an die Welt mit neuen Fesseln gefestigt.

** Der Körper ist das Kleid der Seele und des Geistes.

mentiert. Das Eigene, dem die Geheimnisse verborgen sind, zeigt, vor allem wenn es diese an sich selbst bewundert, gern seine Nacktheit und meint:
- Was ist schon dabei?

Es ist einer der zahllosen Winkelzüge des Teufels, alles zur Ware zu machen; den Körper auch und die Sexualität ebenso wie alles andere. Ware aber ist für Geld zu kaufen oder zu verkaufen, sie erfüllt alle Wünsche ... aber Geld muss man haben ... und dafür verkauft man sich dem Teufel. Der Leser vergesse nicht: Alle Ware ist vergänglich und das Vergnügen ein wackeliges und flüchtiges Unterpfand der Liebe. Unvergängliches jedoch ist jenseits der Herrschaft des Fürsten dieser Welt. Unsterbliches ist niemals für Geld zu kaufen ... es kann nur geschenkt werden: die Liebe! Der Körper ist zwar sterblich, aber das Leben, das ihn erfüllt, ist unsterblich. Was man also weder kaufen noch verkaufen kann, was keine Ware ist, das ist die Liebe. Wenn zwei Menschen *in der Liebe* ein Fleisch werden, ist für diese kurze Zeit die Urschuld aufgehoben. Heiliges Mysterium. Der Akt der Liebe, diese irdische Einswerdung, ist ein Bild der Einheit und des Lichtes im Tal des Todes, der Vielheit und der Finsternis. Im Akt der Liebe wird neues Leben gezeugt, fällt ein neuer Liebesfunke in die Welt. Der Himmel hat die Erde berührt und *wachgeküsst*. (*)

Die Sexualität

Da, wo die Liebe im Mysterium geschlechtlicher Vereinigung sich verstofflicht und am Tiefstpunkt ihrer irdischen Verdichtung anlangt, in der Sexualität, ist die Schwelle, die die irdische Welt von der himmlischen scheidet und sich ihr verbindet! Wenn die Schwelle überschritten ist, durchbrochen das Stoffliche, erlischt, auf dem Höhepunkt dieser Vereinigung, für einen Augenblick alles Eigene, und ein unirdisches Wonnegefühl ergreift durchflutend das Bewusstsein und erhebt es in einen unbekannten Himmel. Zwei irdische Wesen sind *ein* Geistiges geworden, ohne zu sterben. Aber nicht grundlos wird dieser leuchtende Zustand seit alters her der *kleine Tod* genannt; und nur hier, wo das Ewige die Zeit berührt, wird der Mensch ein Gott, der Leben zeugt. Seine ganze Liebe kon-

---

* Ganz so, als wäre die Erde die Geliebte des Himmels. Verehret, liebe Leser, die Erde.

zentriert sich in der physischen Essenz des Samens. Erlebbar wird einen Moment lang das Unfassliche. Das Physische und das Geistige, beides ergreift die Liebe und beweist dadurch, dass sie *Leben* ist!

Die Saat des Lebens ist die Liebe (*), und ihre Frucht wird Liebe sein!

Bewusst gewordene Liebe, das ist auch Kraft, die Raum geworden ist, nämlich Körper. Belebte Form. Formgewordene Liebe. Dieser Körper ist liebevoll und deshalb auch lieben sich die Körper der Liebenden. Es ist die Liebe, die ich liebe, denn geschieden sind die Körper und ziehen sich in Liebe an! Die geistige Kraft der Liebe nimmt das Geliebte in seinen Raum und wird *eins*, denn keine Liebe ist der Liebe fremd! Das ist der Liebeszauber, von dem wir schon gesprochen: Die zweigebundene Begierde verliert sich, und die Sexualität, und jede Liebkosung, wird Kundgabe und Hingabe ausströmender Liebe.

Das Eigene aber, das an Liebesmangel leidet, will seine Eigenliebe wenigstens gespiegelt sehen – es

---

* Was anderes könnte das Leben säen, als was es selber ist: Liebe. Alles Geborene ist ein Liebewesen.

begehrt des andern Körper und Persönlichkeit zur eigenen Befriedigung. Es denkt an sich, es nimmt. Wo keine Liebe das Herz erwärmt, ist keine Kraft, nur Trieb. Hier wollen wir noch hinzufügen, dass, gleich wie die gesprochene Sprache nicht nur aus Worten besteht, besteht auch der Körper des lebendigen Menschen nicht nur aus Fleisch und Blut und Knochen. In ihnen schwingen die geistigen und seelischen Räume des Menschen und wirken auf das, was sie berühren. Eine andere musikalische Qualität birgt eine Geige des Meisters Stradivarius, eine andere die Schülergeige. Unterschiedliche Schwingungen bergen die Körper und wirken aufeinander, wenn sie sich berühren. Wenn zwei Töne zusammenklingen, wirken sie harmonisch oder disharmonisch aufeinander zurück. Jeder Körper schwingt in Tönen. Deshalb: Lieblose Sexualität erniedrigt und erschöpft den Menschen.

Drängt man in einer Begegnung zu früh in die Sexualität, wird die Liebe an ihrer Reifung gehindert. Wir erinnern uns, dass man in der Verliebtheit etwas Grösseres liebt als den geliebten Menschen, etwas auch, das grösser ist, als wir selber sind. Nun sollen also beide wachsen bis zur höchst-

DIE GELIEBTEN

möglichen Liebschaft, erst dann ist die körperliche Vereinigung etwas überirdisch Grosses, und erst dort tritt man an die Schwelle zum Geist. Wie unlösbar nah ist man sich da, wie geht man ineinander auf – welch unlösliche Verbindung wird hier geschaffen: *Ich bin Du!* Vom Eigenen erlöst durch deine Liebe! (*)

Wer wirklich liebt, erlebt den Liebesakt immer wieder als *das erste Mal*. Zuerst die Liebe, dann, am Punkt der Erhöhung, die Sexualität als Besiegelung des Bundes und des neuen Lebens. In der, dieser Tat vorausgehenden, Verliebtheit soll die Liebe immer leuchtender und wirklicher werden in Reinheit (**) und Kraft, und in eben der Weise reift sie die Wesen, die sich von ihr ergreifen lassen und reinigt sie von den Schlacken des Eigenen. Das Blei wird Gold, der Rebsaft wird Wein, die Kohle wird Diamant, Finsternis wird Licht und das Tote wird lebendig. Welch hohes Ziel, welch grosse Aufgabe

---

* Der Liebende liebt nicht primär den Körper, sondern die Seele des Geliebten. Es ist ja auch eine Seele, die durch den Liebesakt vom Himmel gerufen wird ... auf dass sie in einem Körper in die Welt geboren werde.

** Diese Reinheit bezieht sich auf die geistige Gesinnung und die seelische Berührung.

und doch immer nur ... Liebe ... *Gott über alles und deinen Nächsten wie dich selbst.*

Sehen Sie, das ist die Allerwelts-Biographie der mehr oder weniger verlorenen Kinder in der Welt.

Aber zurück zu unserem Thema. In der Sexualität ist die Liebesbeziehung entweder so weit gediehen, dass man sich gegenseitig und miteinander nach oben zieht, oder aber so begierlich unterschiedlich, dass man sich nach unten stösst. Die Sexualität verschlingt oder befreit!

In der Sexualität sind beide Wesen am gleichen Ort, sie sind sich in dem Moment gleich – weil sie liebend eins sind. (*) Deshalb will die Sexualität, als wahrer Liebesakt, nicht nur der Zeugung, sondern auch im hohen Dienst der Liebe wirken! Übrigens, dass ich es nicht vergesse, das mächtigste Liebeselixier ist die Sprache, Worte der Liebe, Liebesworte (**); in ihnen ist das geistige Wesen des Lie-

---

* Die Aufhebung der Trennung ist eine – in der Zeit sehr kurz erlebbare – Wiederherstellung des Zustandes, wie er vor dem Sturz bestanden hat. Schuldlos ist die Liebe im Paradies und ohne Zeit.

** Das ist unschwer zu verstehen, wirken doch auch Töne auf unser Ohr und Farben auf unser Auge und Berührungen auf unsere Haut. Worte der Liebe sind hohe geistige Schwingung.

benden, das, durch des Geliebten Ohr empfangen, in dessen Herzen Liebe zeugt.

Die Freiheit der Liebe liegt in der Hingabe. Als Mensch tut man gut daran, sich die Frage zu stellen: Wem gebe ich mich hin und wohin wird es mich führen?

Liebe kann man niemals nehmen – wir sagten es schon –, man kann sie nur geben. Der Beschenkte aber soll der Gabe würdig sein. Die Hingabe, das ist das Weibliche, und verschlossen ist der Schoss bis zum Tag des Mysteriums der Hingabe. Darum erkenne der Mann: Ich begehre nicht gierig die Geliebte, ich will sie in Liebe umwerben, bis sie mich zu sich ruft, bereit sich hinzugeben. Die zu früh erstrebte Sinnlichkeit – ein Teufelsgeflüster – beunruhigt, irritiert, lähmt das Leben und bindet den Begehrenden, weil seine Eigenheit besitzen anstatt lieben will!

Liebe aber kann man nicht besitzen – man kann sie nur *sein*.

Die Sexualität, als Frucht der Liebe, beruhigt, klärt und inspiriert das Leben – im Geist und im Gefühl.

Es ist die Liebe selbst, die als Geisteskraft des Fleisches Gier überwindet, bis sie es frei gibt zu seiner Erlösung. Lieblose Sexualität – wie oben schon bemerkt – verbraucht Kraft, ertrinkt in Emotionen und lässt ein Gefühl der Leere zurück. Der Tiermensch erstirbt im Orgiastischen, ohne in der Erschöpfung neues Leben zu finden. Ein Männliches – der Schreiber dieser Zeilen ist ein Mann und aus männlichem Standpunkt nur ist er berechtigt, dies zu schreiben – ein Männliches, das wahrhaft liebt, erstirbt in der Sexualität im Weiblichen und erwacht ins Leben. Eine todähnliche Ruhe ergreift ihn und eine hohe geistige Wachheit – dem Körper ein Schlaf –, und an der Schwelle zum Geistigen spürt er den Hauch der Unsterblichkeit. Die Freude, sich selbst überwindend hinzugeben, verwandelt das flüchtige Vergnügen in eine Sehnsucht tiefgründiger Beglückung, die ein inneres, geistiges Feuer belebt.

Solche Vereinigung von Mann und Frau verschönt den Menschen. In seiner Stofflichkeit ist er – wie oben schon gesagt – ein Resonanzkörper, einem Instrument vergleichbar. Er übernimmt die Schwingung dessen, was ihn berührt. Das Fleisch sollte sich, seiner Rolle eingedenk, unterordnen, das Eigene sollte sich nicht vordrängen, sonst wird der Liebesvorgang abgebrochen und zerrissen. Was das bedeutet, kann nur erfassen, wer erlebt hat, wie

DIE GELIEBTEN

wunderbar es ist, das Lied der Liebe, das die Seele vom liebenden Geliebten singt, zu übernehmen und im Geist die leuchtende Schwingung seiner eigenen Wesenheit – die ja auch die der Geliebten ist – zu fühlen.

Zu gross ist die Sexualität, um gering geachtet oder misshandelt zu sein. Sie ist zu zart und zu zerbrechlich, um dem Menschen nicht Sorgfalt und Kenntnis im Umgang mit ihr ans Herz zu legen.

Nicht im Blut, im Geist vollendet sich die Sexualität.

Nicht Begattung nur, nicht männliches Kräftespiel des Nehmens und Genommenwerdens. Wer genau schaut, wird unschwer erkennen, dass, in der von der Liebe losgesagten Sexualität, der Mann die Frau zwar nimmt, dass sie ihn aber verschlingt. Den Liebenden aber zieht die Liebe des ewig Weiblichen hinan! Tatsächlich, es braucht eine hohe Liebeskraft, die instinktive, tierische Emotion im Blut in ein wonnevolles Gefühl im Geist zu verwandeln und, anstelle körperlicher Erregtheit, geistige Ruhe zu finden. (*)

---

* Desgleichen erlebt der Mensch im geistigen Nachvollzug der allmählichen Schwächung seiner körperlichen Kräfte.

DIE GELIEBTEN

Aus dem Gesagten geht deutlich hervor, dass die Liebe an kein irdisches Alter gebunden sein kann. Von den physiologischen Prozessen abgesehen, kennt die Einswerdung keine Zeit, sie gehört der Ewigkeit.

Die Sexualität ist das Geheimnis der Auflösung und des Schwellenübertritts. Sie ist die Pforte ins Leben, hier und dort! Es ist wohl auch noch der irdische Tod ein Liebesakt.

Lasst uns denn Geliebte werden von Dem, der uns liebend durch den Tod geleitet.

IV. TEIL
DIE LIEBE UND DAS EIGENE

Ohne Anstrengung, ohne Zwang pflegte er das Reich des Ideals zu betreten; seine keusche Seele war jederzeit bereit, in dem ‹Heiligtum des Schönen› zu wandeln; sie wartete nur auf den entsiegelnden Kuss, auf die leise Berührung einer anderen Seele ...

IWAN S. TURGENJEW
ERZÄHLUNGEN: JAKOW PASYNKOW

Beim letzten Teil dieses Buches angelangt, stellt sich mir zu wiederholtem Mal die Frage: Warum? Warum schreibe ich? Alle Wahrheit ist lange schon geschrieben in der Welt und in unzähligen Formen offenbar. Nichts Neues ist je unter der Sonne, und dennoch – ich schreibe. Schatten nur verändern sich, niemals das Licht. Warum schreibe ich? Ich will es Ihnen sagen: weil mein Eigenes das Licht liebt, und da es in sich das Geschenk des Geistes und der Buchstaben trägt, will es sich mit Worten dem grossen Licht – das Weisheit ist und Liebe – dienend nähern. Es will sich ihm, wie der Liebende der Geliebten, bemerkbar machen. Und tatsächlich, im Denken und im Schreiben umwerbe ich, wenn auch nur von Weitem und mit meinen geringen Mitteln, das Verehrte, und es enthüllt sich mir vieles. In dieser Liebe wird mein kleiner Geist von Zeit zu Zeit vom grossen Geist berührt, und wahrhaftig, ich frage mich, wofür sich sonst zu leben lohnte?

Mein Eigenes lernt lieben.

Das vorher Gesagte zusammenzufassen und mit neuen Bildern zu bereichern, sei dieser letzte Teil geschrieben, aus jener Liebeskraft, die dieses Buch geschaffen und in ihm verborgen lebt.

DER SCHLAF

Der Schlaf, so bezeichnen die Weisheitslehren den Zustand des unerwachten Menschen, der Schlaf, und sie setzen ihn der Blindheit gleich und dem Tod – dem grossen Bruder des Schlafes. (*)

Ich bin früh im Leben schon davon ausgegangen, dass etwas in mir schlafend sei in jenem ‹Wachsein›, das mein Bewusstsein Leben nennt. Was aber *wahres* Leben ist, weiss ich nicht, es fehlt mir die Erfahrung der Erkenntnis. Den Schlaf aber zu begreifen, den nächtlichen, sollte mir möglich sein, weil ich ihn aus eigener Erfahrung kenne. So will ich versuchen, mein Verständnis des irdischen Schlafs, den ich kenne, auf den geistigen Schlaf, den ich nicht kenne, zu übertragen.

Das *Eigene*, so deute ich's mir, das ist vorerst der Schlaf; die *Liebe*, – unserem Thema entsprechend – das ist das Wachsein und das Leben.

Das Eigene bin ich, der Schlaf bin ich. *Das*

---

* Hypnos (der Schlaf) und sein Bruder Thanatos (der Tod) sind Söhne der Nyx (die Nacht).

Bewusstsein dieses Tatbestandes aber verdanke ich einem Funken jenes Lebensgeistes, dessen Kraft allein den Schlaf überwinden kann. Wenn dem so ist, so schläft – für mich! – der grosse Geist des Lebens, der in mir ist; aber das kann ich nicht wirklich wissen, da ich ihn nicht sehen kann, weil ich blind bin im Bewusstsein. Und ich frage:

Bin ich denn ebenso der grosse Geist, wie ich auch jenes winzige Bewusstsein bin, das ihn sucht?

Antwortlos begab ich mich in den lichten Raum meines Nicht-Wissens und betrachtete ganz unbefangen meinen irdischen Schlaf und suchte nach einer Antwort auf die Frage:

Was ist Schlaf und wer schläft? … und dann übersetzte ich das Gefundene auf meine geistige Verfassung, denn, so sagte ich mir, das Wesen des Schlafes bleibt sich gleich, im Körper wie im Geist. Davon ausgehend, dass ich nicht wirklich weiss, was Schlaf ist, ging ich mit meinem Bewusstsein in die Kindheit zurück, in jene unschuldige Phase meines Daseins, da alles noch frisch war und von allem Eigenwissen unbelastet, irrtumsfrei.

Und *so* dirigierte ich mein Denken: Als zum ersten Mal – da war ich noch ein kleines Kind – das Wort Schlaf mein Ohr berührte, geschah dies

DER SCHLAF

zweifelsohne im Zusammenhang mit meiner Müdigkeit. Ich ward hingelegt und man verdunkelte den mir zum Schlaf bestimmten Raum ... und daraufhin schloss ich die Augen, und es ward finster. Die Welt entschwand meinem Bewusstsein und versank irgendwohin und ward ruhig und still und schweigend. Ausgeliefert und hingegeben lag ich da. Blind und schlafend und der Welt entschwunden. Irdischer Schlaf.

Mit diesem Bild ging ich daran, diese Erfahrung auf meinen geistigen Schlaf zu übertragen, und fand Folgendes: Was ich irrtümlicherweise mein Wachsein nenne, ist vom Geist aus gesehen Entkräftung (Tod), Müdigkeit (Schlaf), Dunkelheit (Blindheit). Was ich geistigen *Schlaf* nenne, deutet mein Bewusstsein als Ohnmacht und Ausgeliefertsein an ein unsichtbares Leben, jenseits. Ich schloss daraus, dass, trotz meines bewegten Daseins in der Welt, etwas in mir schläft und ruhig ist, still und schweigend, für mich im Dunkeln und unerwacht.

Im irdischen Tag bin ich in geistiger Nacht.

Aber nur mein Bewusstsein sieht es so, in Wahrheit ist der geistige Tag immerwährend, und mein Eigenes ist seine Nacht! Der Schlaf des Kindes ist nicht Nacht für die Welt! Da aber das immerwache, geistige Licht nicht vom Bewusstsein erkannt wird, herrscht für dieses Finsternis. (*)

Ich schlafe als eigene Ichheit und träume den Traum meines Lebens! ... und nenne ihn Wachsein.

Der Traum! Im körperlichen Schlaf tatsächlich öffnet sich uns eine Pforte in ein Leben jenseits unseres irdischen Bewusstseins, und eine andere Welt tut sich auf, eine Wirklichkeit, in der wir *auch* leben. Der Traum ist eine Form geistiger Wachheit im irdischen Schlaf, und vielleicht, so sagte ich mir, ist das irdische Leben dem Geist ein Traum, der Traum eines Gottes, in dem Er, Leid und Freude erlebend, sich selbst erkennt. Der Mensch ein schlafender Gott!

Aber noch etwas ist mir aufgefallen. Wenn ich physisch schlafe, geschieht, von meinen Willen unbeeinflusst, etwas Wunderbares: Ich werde gestärkt! Meine Lebenskräfte, die eben noch müde

---

* Es gibt eine *geistige Nacht* und eine *Erdenlebens-Nacht*. Die *geistige Nacht* ist für das Bewusstsein des Menschen das Mysterium des Winters, in dem das Licht geboren wird, erstirbt und aufersteht. Die *Lebensnacht, die auch den irdischen Tag in sich schliesst,* ist die Erscheinung seines Daseins, die vom Licht am Himmel erleuchtet wird; eine Wüste der Seele, eine Schule dem Geist.

DER SCHLAF

sich nach Schlaf gesehnt, werden neu belebt, auf dass sie mich, erfrischt, in einen neuen Tag erwachen lassen. Auch das habe ich auf meinen geistigen Schlaf übertragen und davon abgeleitet: Mein irdisches Dasein, als Schlaf, Blindheit und Tod, untersteht einer mir unbekannten Kraft, die meinen Geist unaufhörlich erkraften will. Vermöchte sich meine Eigenheit gänzlich von der Liebe auszuschliessen, so wäre der Schlaf meines kleinen Geistes ihr Tod. Sie vermag es nicht! Und so wird sie von der Liebe am Leben erhalten und von der Liebe dereinst zum Erwachen geführt. Wahrlich: Liebe ist Wachsein! Je mehr das Eigene erstarrt und sich verdunkelt, desto mehr kräftigt sich in ihm die Sehnsucht nach der, in ihm verborgenen, Liebe. Weil wir im Erkenntnisschlaf unseres Daseins einen freien Willen unser Eigen nennen, müssen wir mit ihm jene Kraft suchen, die uns aus dem Lebensschlaf erwachen lässt. Umgekehrt im irdischen Schlaf, wo wir ohne Eigenwillen sind und uns das Göttliche erfrischt und zum neuen Morgen führt.

Liebe ist die Kraft, die den Schlaf überwindet.

DER SCHLAF

Liebe ist mir – seit jeher – ein ununterbrochen fortlaufendes, andauerndes Streben. Es ist das Ringen um Bewusstheit und Erkenntnis! (*) Ich fand diese Kraft in der *liebenden* Begegnung mit der Schönheit, mit der Weisheit, mit dem Guten und Wahren. Wir finden sie im JA zum Leben, zu allem, was das Schicksal uns bringt. In solcher Berührung erhebt sich in mir ein Geist, der in Gedanke, Wort und Tat die Liebe erwecken will. In ihr trägt der Geist kraftvoll alles Gefallene in die Höhe, dorthin zurück, woher es stammt.

Wer liebt, ist wach; wer schläft, liebt nicht, aber er wird geliebt – wir sagten es schon: sonst wär' er nicht! ... denn im unendlichen Licht der Liebe, von dem wir alle Teile sind, sind wir selber Liebe!

Licht in der Finsternis, Eigenliebe!

Solcherart führt der Schlaf zum Erwachen, die Blindheit zum Licht und der Tod zum Leben. *Post tenebras lux.* (**)

Es ist, lieber Leser, nicht verwunderlich, wenn Sie das soeben gelesene Kapitel im Dämmerschlaf des Geistes kaum verstandenen haben, es beiseite

---

* Den Wahlspruch ‹Lebe und erkenne› erweitern wir und schreiben: Lebe *liebend,* auf dass du erkennest das Geliebte.
** Nach der Finsternis das Licht.

schieben und überspringen möchten. Ich hingegen erlaube mir, Sie zu wiederholter Lektüre zu ermuntern und einem wacheren Nachvollzug dessen, was wir soeben Schlaf genannt!

Vom Mittelalter

Meinem Weltverständnis ist die Weltgeschichte eine numinose Darstellung, ein dynamisches Bild der kollektiven Entwicklung des Menschheitsbewusstseins. In einem Bilderreigen, der alle Zeiten und Räume umfasst, findet jede Seele die ihrer Entfaltung notwendige Rolle im Kampf des Bösen (*) mit dem Guten, der Finsternis mit dem Licht, des Schlafes mit dem Erwachen, des Todes mit dem Leben. All das entströmt der liebenden Hand eines unnennbaren Gottes.

Ich überlasse es dem Interesse des Lesers, die entscheidenden Spieler der Kriegs- und Kulturgeschichte der Völker und ihre Folgen zu studieren, wie auch das Leben und das Werk der Künstler,

---

* Die unaufhörliche Wut des Bösen auf das Gute wird vom Guten nie erwidert.

Wissenschaftler und Philosophen in ihren gestaltenden Einflüssen auf der Drehbühne der Weltgeschichte. Hier dürfen auch jene Geister nicht unerwähnt bleiben, die den bereiten Seelen die hohe Bedeutung alles Vorüberziehenden in Mythen, Märchen und Legenden, den griechischen Tragödien und den Mysterien unermüdlich nahebringen. Solche Bücher haben meine Bibliothek seit den Tagen der *Bliobithek* nicht mehr verlassen, entspringen sie doch derselben Quelle wie die Weltgeschichte, ohne sich aber, wie diese, stets zu verwandeln. Worte und Bilder, Wahrheit und Täuschung, Ewiges und Zeitliches – und sind doch nur eines!

Die Geschichtsbücher reden von Epochen und Ereignissen, sie sind der Raum einer Zeit, sie sind das Eigene einer Zeit, das Eigenartige. Es ist die Hülle, die der Wahrheit dient. Wer die Weisheit liebt, findet ihre lichten Spuren überall. Jede Kultur durchläuft den Sturz des Lichtes in die Finsternis, den daraus resultierenden Kampf und die letztendliche Überwindung. Die Geschichte nachvollzieht in weiten Zeitenräumen die Entwicklung der menschlichen Seele durch die Lebensalter, ebenso wie sie auch die Natur im Lauf der Jahreszeiten widerspiegelt. Das Mysterium ist allgegen-

DER SCHLAF

wärtig, *die Weisheit ruft laut auf der Strasse und lässt ihre Stimme hören auf den Plätzen.*[14]

Über das uralte Ägypten ist der Lichterglanz der Weisheit in die griechische und arabische Welt gekommen, und zur Zeit des römischen Imperiums hat sich die Lichtquelle selbst, als λόγος, in die Welt inkarniert. Mysterium aller Mysterien.

Am Beispiel des Geistes der *Gotik*, der *Renaissance* und der *französischen Revolution* versuchte ich einst das Geistesspiel der Eigenliebe in der Kulturgeschichte wiederzufinden. (*)

Das *Mittelalter* ist die Kultur des Rittertums, die mystische Religiosität, die grosse Bewegtheit von Seele und Geist. Es ist die innige Versenkung in Gott und das Hohelied der Liebe in der Minne. In der gotischen Kunst überwindet die Architektur die Schwere der Materie, alles treibt himmelwärts.

---

* 2000 Jahre n. Chr., nachdem die unterschiedlichsten Kulturen während Jahrtausenden und zu verschiedenen Zeiten ihren Auf- und Niedergang erlebten, sind die Länder und Kontinente dieser Erde dabei, sich allmählich zu einer Kultur mit gleichen Werten zu verschmelzen. Diese Universalwerte – vor 2000 Jahren in die Welt gebracht – verwirklichen stufenweise in der Menschheitsgeschichte das Mittelalter, die Renaissance, die frz. Revolution und …

Diese Kunst ist geistigen Ursprungs, ihre Wurzeln unerforscht. Aus der Kirche, als geistiger Macht, hat sich das gotische Weltbild entwickelt. Gott ist hier das Zentrum des Menschen. Die grossen Weisheitslehren und die Geheimnisse der Kathedralen sind Mysterien. Der Geist ist hier in Stein gehauen, und die geheimnisvollen Proportionen und okkulten Bilder der Kathedralen sind Kräfte und Botschaften des Lichtes. Im Mittelalter spricht ein Göttliches zum menschlichen Geist, aber es ist nur wenigen, auserwählten Geistern fassbar, und daher ist dieses grosse Licht bis ins 19. Jahrhundert ein Opfer des Missverstandes geblieben. Das dunkle Mittelalter!

Das Volk, in geistigem Schlaf befangen und in geistiger Abhängigkeit den regierenden Menschen ausgeliefert, erlitt in geistiger Unfreiheit das Leben in der Finsternis des *Eigenen*. In diesem Sinne, wahrhaftig, eine dunkle Zeit, all ihrer Lichter zum Trotz.

Der Geist, der durch die Zeiten weht, ist immer Liebe und Licht, doch hängt es von der Empfindsamkeit des Einzelnen ab, ob er diesen Geist aufzunehmen und zu verwirklichen im Stande ist. Das Bewusstseinsvermögen des Eigenen definiert die Möglichkeiten der Erkenntnis. Die Evolution des menschlichen Geistes ist das Ziel aller Geschichte. Im Mittelalter dämmert das Eigenlicht der Menschen, in einer mentalen Dumpfheit betäubt, in der engen Kammer eines noch wenig bewussten Geistes. Ähnlich scheint's heutigentags zu sein, wenn das im Eigenen erstarrte Selbstbewusstsein, betäubt und lichtunempfänglich geworden, seine Existenz mehr konsumiert als lebt, mehr schläft als wacht.

DAS ERWACHEN

In meinem Leben war es selten so, dass ich etwas Wesentliches beim ersten Anhören, Lesen oder Erleben schon begriffen hätte. Zu dicht sind meist die Nebel vor den Augen, zu schillernd und undurchsichtig die Schleier des zu Offenbarenden. So mag sich denn der Leser an den, in diesen Text hinein verwobenen, Wiederholungen nicht stören. Die Gedanken sind oft so konzentriert, dass sie dem Verstand verknotet scheinen, und erst durch ein Wiederkehren in neuem Zusammenhange vermögen sie sich vielleicht aufzulösen. Entknoten, oder Enthüllen, das ist wie Erwachen.

DAS ERWACHEN

Der Körper enthüllt seine Nacktheit, das Eigene enthüllt seine Liebe.

Die Liebe selbst ist es, die innerhalb der unzähligen Persönlichkeiten (lies: Eigenlieben) das Übereigene sucht, jenes verloren gegangene Liebesteilchen, das sie umarmen will. Ebenso beginnt, sozusagen von der anderen Seite, der Mensch nach der Liebe ausserhalb seiner selbst zu suchen, denn es genügt ihm das Eigene nicht!

Und was findet er, wenn er richtig sucht?

Er findet die Weisheit und die Kunst und die Natur und liebende Menschen. Wahrheit, Schönheit und Güte. Die wahren Künstler und die wahren Weisen haben, das Eigene überwindend, immer der Liebe gedient. (*)

Die Bedürfnisse eines der Liebe abgekehrten Eigenseins sind eigennützig und materiell (**), sie sind die Wurzel der Eitelkeit und Buhlen einer selbstgefälligen Welt. Ein Totentanz. Dem Erwachenden wird das Eigensein zum Instrument der Erfahrung und der Erkenntnis. Während es ihn

---

* Das Geheimnis des Schöpferischen liegt in der Kraft der Sehnsucht nach dem Geliebten.
** Der Materialismus ist die Zersetzung des geistigen Lebens. (Die Materie ist die Zerstückelung des Geistes.)

durch sein Schicksal trägt, sucht sein Bewusstsein zu erkennen, was Seele ist und Geist, woher sie stammen und wohin sie gehen. Alles in der Zeit Gewordene hat ein sterbliches Eigenes, eine gestaltete Form oder eben eine Persönlichkeit; der Mensch allein ist sich dieser, kraft seines freien Willens, bewusst. Wie aber, mit welcher geistigen Instanz, stellte ich mir schon vor Jahrzehnten die Frage, nehme ich wahr, dass ich erkenne, dass ich mich mir selber bewusst bin … und weiter noch, dass ich mich wohl fühle, dass etwas mich schmerzt? … wer oder was beobachtet all das Sterbliche in mir? Und ich fand die Antwort: *das Unsterbliche!*

Etwas, das jenseits meines, von mir bewusst wahrgenommenen, Eigenen lebendig ist. Kraft, Liebe, Leben. Diese, so stellte ich weiter fest, sind nicht für immer dem Eigenen verfallen, nicht der Sünde, nicht dem Tode. Der Körper in seiner Sterblichkeit, so sagte ich mir, ist dem unsterblichen Geist ein himmlisches Geschenk auf Zeit, ein irdisches Leben zu leben, zu erfahren und zu erkennen. So schien es mir.

Erwachen, das erkannte ich deutlich, ist das allmähliche Aufgeben der Beschränkung auf das Eigene! Das Lösen jener Widerstände, die nichts an-

DAS ERWACHEN

deres sind als Auflehnung gegen alles, was nicht Eigenes ist. Es ist die Anerkennung des irdischen Todes als natürliche Folge irdischer Geburt. Es ist die Sehnsucht nach dem Unsterblichen. Es ist das Wiederaufbauen all dessen, was die Dämonen niedergerissen. Es ist ein heraufdämmerndes Gefühl einer neuen Welt, einer Erkenntnis, die Liebe ist. Der Weg ist weit, aber die Richtung ist in den Augen des Gehenden und der Rhythmus der Schritte im Schlagen des Herzens.

Zögernd und scheu beginnt der Mensch sein Gespräch mit Gott, nach dessen Bildnis er geschaffen. In jedem Kunstwerk (*) – und unser Leben will ein solches sein – schlägt, neben dem irdischen, ein unsterbliches Herz. Dieses allein kennt das Geheimnis des grossen Bildners. Wenn es der Künstler nicht findet, ist alles nichts; fühlt er es aber, so darf er es niemals verleugnen. In einem solchen Herz schlägt die Kraft des Ganzen und belebt alle Teile. Hier also ist die Kristallisation der heiligen Botschaft, die da Leben heisst, und wartet auf den

---

* *Sich immer mehr der Gottheit nähern, um mit der Kunst ihren Glanz im Menschengeschlecht zu verbreiten – es gibt nichts Höheres.* Ludwig van Beethoven

DAS ERWACHEN

Helden, der mit dem Mut des Eigenen – und der Bereitschaft, dieses zu verlieren – die geheime Pforte sucht und öffnen will. Auf diese Weise wird ein Liebender, ein Heimkehrender, ein erwachendes Götterkind.

Der Mensch in seiner Eigenart ist das Wort eines Gottes, und das Leben, das er lebt, ist dessen Interpretation. Unverstanden und schülerhaft zuerst, doch Übung macht den Meister. Das Eigene muss so lange üben, bis seine Liebe, zur Meisterschaft herangereift, sein Menschsein adelt.

Ich weiss von der Liebe, die das Gute ist im Menschen, und ich weiss vom Leiden in der Eigenliebe. Aber in Wahrheit ist die Liebe gar nicht im Eigenen gefangen, sondern das Eigene ist von der Liebe umfangen und durchdrungen!

Nicht ist die Liebe in mir eingeschlossen, sondern ich habe mich, im Irrtum meines Eigenwahnes, von ihr ausgeschlossen.

Lieben ist Erwachen, ist Erkennen, ist die Wahrheit sehen.

So ist das Erwachen eine Morgendämmerung. Licht vertreibt die nächtlichen Schatten des Eigenen, ein neuer Tag erwacht, der alle Möglichkeiten in sich trägt ... auch ein neues Leben.

DAS ERWACHEN

Von der Renaissance und der französischen Revolution

Dem Kind vergleichbar, wo die Liebe der Mutter, ohne dass sich das Kind dessen wirklich bewusst ist – und ohne die es sterben würde –, immer gegenwärtig ist, so ist im Mittelalter das Licht immer gegenwärtig, ohne dass sich das Volk dessen bewusst war – und ohne das es wohl gestorben wäre. Mit dem allmählichen Werden der menschlichen Ichheit, der Kontraktion des Bewusstseins zu einer schicksalsbehafteten Persönlichkeit, wird diese Liebe vom Eigenen verschluckt, wird Selbstbewusstsein und beginnt in der Welt zu wirken. Doch eng ist diese Kammer, und wenig Licht verbreitet das auf sein eigenes Werden konzentrierte Bewusstsein. Es ist noch nicht mündig.

Da tritt nun die *Renaissance* (*) in die Zeitgeschichte, um das Eigene in die Volljährigkeit zu

---

* Die Geburt der Renaissance in Florenz, jene des Mittelalters, wie auch jene der frz. Revolution in Frankreich. Unsichtbarer Keim in Bethlehem / Jerusalem. Sichtbare Verwirklichung in Frankreich – Florenz – Frankreich, jenem Reich, dessen Könige als *Stellvertreter Christi* gesalbt und als *Schatten Gottes auf Erden und Zuflucht der Menschen* in der Welt verehrt wurden.

führen. Es bringt dem irdischen Dasein Kenntnisse und Freuden *diesseits* des Himmels. Die Welt will genussreich werden, das Eigene will geniessend sich erkennen. Damit wird der Eigenwert der Person, das Bewusstsein der Persönlichkeit auf eine neue Höhe erhoben. Der erste Impuls des Erwachens ist das Interesse am Licht, das heisst an der Weisheit und an der Schönheit.

Die *Renaissance,* das Wiederaufleben des klassischen Altertums – jenseits der Kirche und der Kreuzzüge –, stellt den Menschen ins Zentrum! Das Licht des Überpersönlichen, der namenlose Gott, wird vermenschlicht. Es ist die Zeit der Erfindungen, der Buchdruckkunst, der Seefahrer und Entdecker, des Humanismus und der Verehrung der Künste. Anstelle von Kirchen entstehen Paläste. Dem Bildhauer und Maler entschleiert sich ein neuer Blick auf die Bewegungen des Lichtes und des Raumes. Es entsteht das Europa der Kultur, Kunst, Wissenschaft, Technik und die Zeit der intellektuellen und religiösen Kriege. Die geographische Welt öffnet sich dem Menschen, der Geist weitet sich und alles soll dem Menschen dienen. Es regt sich der Verstand, und die Entfaltung der Individualität setzt ein und damit auch das Ergreifen all dessen, was ihrem Begehren entspricht: Macht, Genuss und Verherrlichung des Daseins. Befreit von äusseren Zwängen, wirkt der Mensch der Renaissance aus sich selber. Alle Menschen sind gleich, und nur ihren Aufgaben entsprechend wird eine Hierarchie geschaffen, die sich an der Grösse des Willens und der Kraft des Vollbringers – im Guten wie im Bösen! – misst. Dem Einfluss des Lichtes grossenteils entzogen, führt diese Überbetonung der vergänglichen Welt zu einem Zerfall der Sitten und religiösen Werte. Wir haben hier das früher erwähnte Phänomen, dass die Untugend proportional zur Lieblosigkeit ihr Schlangenhaupt hebt. Der Mensch wird ein Eigenes, das Licht verbirgt sich in der Kunst und in der Philosophie, wo der Mensch es wieder suchen wird (*), weil die Schönheit seinem Geist verbrüdert ist.

Das Zunehmen des Eigenen hat zur Abnahme des Lichtes geführt, aber nur scheinbar, denn die Renaissance bleibt durch ihre zahlreichen Genies

---

* Besonders empfindsam für die Echtheit von Kunst und Weisheit ist der leidende, der sterbende Mensch, dessen Seele sich der Weltfessel entringt. Deutlich unterscheidet die sich befreiende Seele die Kunst von der Unkunst und die Wahrheit von der Lüge.

und Universalmenschen, durch die Schönheit, durch das individuelle Wachrufen eines inneren Menschen dem Geistigen verbunden. So hat die Schönheit – der Himmel der Renaissance – das Eigene ins Bewusstsein gehoben, damit der Mensch von sich aus den nächsten Schritt zu tun im Stande sei. Dem freien Willen ist mit einem wacheren Bewusstsein neue Möglichkeit geboten.

Es ist, als erkenne die Welt selbst in dieser Zeit ihr stolzes Eigensein. Ein unbekanntes Licht erscheint und erleuchtet der Weltgeschichte neue Wege und führt sie zu neuen Formen. Eine geistige Botschaft breitet sich aus und trägt schon den Keim zum nächsten Schritt in ihrem Schoss: Werde, der du bist … und du wirst wieder finden, was du einst gewesen: ein Kind Gottes, wie alle anderen auch! *Gleichheit, Freiheit, Brüderlichkeit*, das ist der Geist, der mit der *französischen Revolution* die Weltenbühne betritt, um Halberwachtes nun gänzlich wachzurütteln.

Ein paar Jahrhunderte später bricht also die französische Revolution in jenem Lande aus, da die Gotik – das Licht des Mittelalters – ihr erstes Leuchten in die Welt entliess. Es ist der Anfang jener Bewegung, die das Eigene in den Dienst der Liebe stellen will. Dem Verstand noch kaum begreifbar, ergiesst sich diese grosse Idee, meist halb- und missverstanden, zuerst über Europa und später, im Siegeszug der Kriege, der mechanischen Erfindungen und elektronischen Medien, über die ganze Welt. Jede versunkene Kultur dieser Welt ist in ihrer Vergangenheit diese drei Geistesschritte in der ihr eignen Art gegangen, doch niemals noch ward die *gesamte* Welt in derselben Geschichtsepoche mit einer einzigen Kulturstufe bekannt gemacht: dem Geist der französischen Revolution.

Dieser, in drei Worte zusammengefasste, Geist bringt die Idee des dritten Schrittes zum Ausdruck: die Durchlichtung des Eigenen.

Gleichheit, das bezieht sich auf die Lichtfunken, die, aus derselben Quelle geschöpft, zu Menschenseelen geworden sind. Die *Freiheit* ist die Befreiung des Bewusstseins aus allen Zwängen selbst gestalteter Beschränkung, und die *Brüderlichkeit* ist das Anerkennen jenes Lichtes, das Liebe ist und alle Menschengeister eint und alle Kreatur. Der Kampf mit der Welt will zurückführen in den Himmel. Der Kampf aber bedeutet dem Menschengeist, den Irrtum überwinden … und wie viel Irrtum haben diese drei hohen Worte, ungewollt, in die Welt gebracht!

Seit der Renaissance, da das Eigene im Licht der Schönheit und der Bewusstwerdung sich aus dem Nebelland des Unverstandenen erhob, verfiel der leuchtende Geist des Mittelalters einer beeindruckenden Gleichgültigkeit. Die Unwissenheit und das Vergessen verschlangen das Licht, und die Gotik ward zu einer dunklen, vom neuen glänzenden Weltbild ausgeschlossenen Vergangenheit. In eben solcher Weise verschlingt das Eigene das Licht und vergisst.

Die französische Revolution will das Verlorene zurückholen. Wenn auch von der lärmenden Menge bis zum heutigen Tag noch unverstanden, ist das hohe Ziel dennoch im Gewissen unvergesslich wachgerufen und schickt sein Licht in einen neuen Tag der Weltgeschichte.

Nun liegt in allem Anfang zwar ein Zauber, aber ebenso ein unseliges Potential von Missverstand, Interpretation und Hypothesen ... das Eigene mischt sich ein, die mentale Beschränkung drängt sich auf. So ward die Gleichheit zum Vorwand gesellschaftlicher und geistiger Gleichmacherei, die Freiheit ward der Willkür des Eigenen zugesellt und in der Brüderlichkeit entartete der

Bruder im Licht zum Kamerad in der Kommune. Tragischer Trugschluss aus der Geistesnacht lichtvergessener Eigenheit. Da irrt nun das Wort *Gleichheit* in der Hülse eigennütziger Gleichmacherei und verliert seine Kraft und seine Bedeutung.

Dem Wort Gleichheit ist im Geiste dieses Buches, und im Bewusstsein unserer Zeitgeschichte, das Wort *Hierarchie* voranzusetzen. Wer sonst soll das Eigene aus seinen Irrtümern befreien und zur Freiheit führen, wenn nicht etwas Höheres, Wissenderes? Aber eben, das Eigene will keine Hierarchie, es sei denn selbst an deren Spitze.

Die Schlange beisst sich in den Schwanz. Ein Teufelskreis.

Wahre Hierarchie (*), das A und das Ω. Anfang und Ende. Ein Gotteskreis.

Die höchste Stufe der Hierarchie müsste von jenen eingenommen werden, die selber frei geworden – vom Eigenen. (**) Denn sie allein haben erkannt, dass die Freiheit ein Unterpfand der Liebe ist; ihr zu dienen ist ihnen Pflicht. In brüderlicher

---

* grch. *hierarkhia,* die Herrschaft des Heiligen
** Die geistige Hierarchie des Mittelalters trug diese Botschaft ebenso, wie die geistige Schönheit der Renaissance und das geistige Bewusstsein der französischen Revolution.

DAS ERWACHEN

Liebe hätten sie die Menschen als Brüder zur Freiheit geführt. Hierarchisch unerkannt, versuchen sie dennoch – wie sie es immer taten –, dem Menschenkind den Weg der Wahrheit zu weisen und des Lebens. Sie wissen: Aus freiem Willen muss dieser Weg begonnen werden, im Vertrauen gewagt und in der Liebe gegangen. Die leuchtende Krone, der König der Könige dieser Hierarchie, hat diesem Ziel gedient; Er, der sich selbst den Weg, die Wahrheit und das Leben nannte[15], ward ans Kreuz geschlagen ... und ist auferstanden.

Die Weltgeschichte will die Seele in Bewusstheit dorthin zurückbringen, von wo sie unbewusst einst ausgegangen. Sie will die Schattenbilder der Unwissenheit, des Eigendunkels – diese Liebesschwäche – durchlichten, ins Bewusstsein heben und erlösen. Diesem grossen geistigen Ziel der französischen Revolution stellen sich übermässige Industrialisierung und geistlose Informationsfluten durch die Massenmedien entgegen. (*) Es ist nicht mehr die vertikale Kraft einer Kultur in

---

* Es liegt uns fern, die Zeitgeschichte zu kritisieren, reift doch in ihrem verborgenen Sinn das Unverzichtbare für alles Kommende.

DAS ERWACHEN

Ost, West, Süd oder Nord, die sich ausgiesst zu befruchten. Die vergänglichen Werte der Wirtschaft und die Vergottung ebenso vergänglicher Weltgenüsse – was doch wohl dem Eigennutz sehr nahe kommt – ersetzen den Geist, der einst Kulturen schuf. Was bleibt, ist das Zeugnis dieses Geistes im Dunstkreis der Vergangenheit und der mutige, innere Weg des Einzelnen, diesen Geist wiederzufinden.

In der gegenwärtigen Zeitgeschichte spielt weltumfassend der Verzweiflungskampf des Eigennutzes, jener frustrierten Mächte, die mit Recht um ihre Herrschaft bangen. (*) Diese geistige Grauzone wird aus den Wirren der französischen Revolution von einer, seit der Renaissance nicht mehr erlebten, Flutwelle der Künste in Malerei, Literatur und Musik im 19. Jhr. erhellt und im 20. Jhr. abgelöst von wissenschaftlichen Entdeckungen (**), die es dem Menschen erlauben, länger und besser als bis-

---

*   Hierzu gehört auch die Überbewertung alles Materiellen und damit auch des Körpers. Zu Zeiten des Asklepios waren die Priester Ärzte, heutigentags sind die Ärzte Priester. Man erwartet von ihnen das Heil; und Glaube und Aberglaube, Furcht und Hoffnung umkreisen ihre Wirkungsstätten.
** Wissenschaft ist die Sprache des irdischen, Liebe jene des geistigen Lebens.

her in dieser Welt zu leben und sie zu bereisen. Vielleicht ist dem Menschen gerade deshalb mehr Zeit und Erlebnismöglichkeit geschenkt, damit er diese stets sich verändernde, sterbliche Welt so gut kennen lerne, dass in ihm die Sehnsucht nach Unsterblichem wieder erwache!

So wird es sein, denn da, wo die Finsternis gegen das Licht, das Sterbliche gegen das Unsterbliche, das Eigene gegen die Liebe kämpft, ist der Ausgang vorgegeben. Eine Frage der Zeit! Keine Frage für die Ewigkeit!

Wir finden viel Licht im Mittelalter, doch das kaum erwachte Bewusstsein des Volkes kann es nicht aufnehmen. Der Geist schläft. In der Renaissance erwacht allmählich der Geist im Volk, und seine Kraft und Schönheit lassen das Licht im Eigenen erfühlen und zum Ausdruck bringen. Die französische Revolution will das Eigene durch das Licht befreien. Was in der Gotik von wenigen, in der Renaissance von vielen, will im Nachvollzug der französischen Revolution von allen erkannt werden.

Die Eigenliebe, anders ausgedrückt: das Bewusstsein des Eigenen, ist das Fundament und der Anfang. Hier beginnt der Weg des Erwachens.

Die Eigenliebe ist die Stätte des Geistes in der Materie, des Lichtes in der Finsternis. Sie ist das Agens der Transformation vom Selbstbewusstsein zum Allbewusstsein. Sie ist die Gebärmutter des Geistes, der geheimnisvolle Ort der Wiedergeburt. Die Eigenliebe ist ein schlafender Gott, das irdische Dasein ein vorübergehender Traum, aus dem die Liebe ihn erwecken wird.

Lebensalter sind Schicksal aller Menschen;

Lebensgeschichte ist Schicksal der Persönlichkeiten;

Weltgeschichte ist Schicksal dieser Erde;

Jahreszeiten sind Schicksal der Natur;

Alles ist zufallsloses Spiel des Geistes, Gestalt gewordene Ewigkeit in der Zeit. Alles, alles ist Ausdruck der Liebe. Alles.

DIE LIEBE IM EIGENEN

Bevor wir zum letzten Kapitel dieses Buches überleiten, wollen wir Kräfte sammeln, indem wir uns das bisher Gesagte noch einmal erinnerlich vergegenwärtigen. Wir haben erkannt: einerseits die *Liebe,* die im Eigenen wirkt und es belebt, anderer-

DIE LIEBE IM EIGENEN

seits das *Eigene,* das diese Liebe auf sich selbst beschränkend umfasst und nach freiem Willen verwaltet.

Die Liebe im Eigenen: ein Göttergeschenk in der Hand des Menschen.

Der Gedanke, den Sie eben gelesen, ist eine zusammenfassende Wiederholung, ist ein Blick zurück. Die Besteigung eines Berges, mit dem Gipfel als Ziel, ist dem Ringen um das Verständnis eines Textes, wie sie ihn gerade vor sich haben, sehr vergleichbar. Sie beginnen unten und steigen höher. Sie besteigen ihn spiralförmig. Im Anfang sind die Wege einfach, später werden sie beschwerlicher. Immer wenn sie in einem Bogen den Berg umgehen, bietet sich Ihnen eine neue, unerwartete Aussicht. Wenn Sie dann, in Gipfelnähe, auf festen Tritt sich stützend, die Augen ins Tale wandern lassen und den zurückgelegten Weg noch einmal überblicken, werden sie Altbekanntes in neuer Perspektive sehen … und sich selber neu erfühlen. Dieses Buch will kein intellektuelles Labyrinth, sondern eine vertikale Achse sein. Vom Eigenen zur Liebe, von unten nach oben, vom Talgrund auf den Bergesgipfel. Noch verbirgt sich dieser unter einem lichttrunkenen Nebelschleier, trotzdem mühen wir uns weiter. Wenn sich das Ziel auch unserem Bewusstsein noch verhüllt, der zurückgelegte Weg hat uns vieles gelehrt. Alles Eigene sind meine Schritte, alle dazu notwendige Kraft ist Leben; Leben aber, und das darf nie vergessen sein, ist Liebe. Dieses zu lernen ist Aufgabe des Eigenen.

Lernen aber ist *Üben*!

Üben, üben, üben, ein wiederholtes Wiederholen von etwas, das man noch nicht kann oder weiss. Es ist eine andauernde Konfrontation mit der eigenen Inkompetenz, ein fortgesetztes Wiederholen von Fehlern. Das ist nicht einfach hinzunehmen, und der Geist ermüdet rasch. Nur wer im Unvollkommenen die Möglichkeit und den Weg zum Vollkommenen erkennt, findet die Kraft, auszuharren und nicht nachzulassen im Bemühen. Das Ziel muss stets gegenwärtig, unvergessen sein, dann wirkt es seine Anziehung, und alles Bemühen geht seiner Erlösung entgegen.[16] Ist aber das Eigene zu sehr mit der Belastung von sich selbst verdunkelt und beschwert, so findet es das Licht der geistigen Kräfte nicht. Wer nicht liebt, was er tut, erschöpft sich selbst. Langeweile stellt sich ein, und verlassen wird das Angefangene, aufgegeben das Erstrebte.

DIE LIEBE IM EIGENEN

Schüler sein, das ist Erkennen von etwas, das man erreichen möchte, aber noch nicht erreicht hat. Es ist dem Eigenen auf seinem Weg zur Liebe sehr hilfreich, zeitlebens auf irgendeinem Gebiet Schüler zu sein – die Künste eignen sich dazu ganz besonders – und einen Lehrer über sich zu haben, der beurteilt und Aufgaben gibt, auf dass wir des Übens nicht vergessen und nicht unsere Bedürftigkeit.

Seit sechs Jahrzehnten schon bemühe ich mich in der Schule des Lebens – die eine Schule der Weisheit ist – und übe mich darin, im Eigenen die Liebe zum Leuchten zu bringen und in die Welt zu tragen. Schon wieder spricht er über die Liebe, höre ich den Leser sagen.

Ja, gebe ich zur Antwort. Tatsächlich habe ich viel, sehr viel über die Liebe geschrieben. Sie ist der Grundton und die Dominante aller meiner Schriften, sie ist der Geist meiner Bücher, wie sie die Kraft und der Auftrag meines Lebens ist. Aber, so frage ich nun meinerseits den Leser, gibt es denn irgendwo in der Weltliteratur oder in den Texten der Weisheit auch nur *ein* Werk, das nicht die Liebe zum Thema hat? Oder gibt es im menschlichen

DIE LIEBE IM EIGENEN

Dasein eine Trauer oder eine Freude, die nicht von der Berührung von etwas Geliebtem ausgelöst wird? Entzug von Liebeskraft im Leid, Zustrom von Liebeskraft in der Freude.

Ich war noch ein Knabe, da erschien mir das Leben schon als ein Rätsel, der Mensch als ein Geheimnis. Ich hatte rasch erkannt, dass die meisten Berufe der Erwachsenen dem Körper und seinen Bedürfnissen dienen, dem irdischen Menschen und damit dem sterblichen Leben. Und wenn ich keinen Körper hätte, so fragte ich mich, weder Essen noch Trinken noch ein Dach über dem Kopf benötigte, was wäre dann? Das Leben, das Unsterbliche, wie würde ich diesem dienen, oder wer oder was in der Welt dient dem wahren Menschen, dem in der Welt verlorenen? Wo finde ich Licht in der Finsternis? Was zeugt vom Geist, was nährt die Seele? Ich habe für mich vier Pforten gefunden, die mir den Weg zum Geheimnis weisen, zur Berührung mit dem Unnennbaren. Erstens, und vor allen anderen!, die *Liebe* (*), die mir Anfang und

---

* Jeder Mensch trägt in sich die heilige Anlage, durch sein Menschsein diesem Ziel zu dienen.

DIE LIEBE IM EIGENEN

Ende ist; zweitens das *Leid*, das den irdischen Zustand der Beschränkung brechen und die gefangene Liebe befreien will; die *Weisheit*, die wortgewaltige Liebe; und schliesslich die *Kunst*, die Form gewordene Liebe in Ton und Farbe, in Form und Bewegung ... (*)

Sehen Sie, lieber Leser, ich glaube, dass erst, wenn die Liebe alle Grenzen bricht, die Welt nicht mehr ist, was sie scheint ... nichts mehr ist als ein entschwundener Traum, ein Liebestraum (**). Tatsächlich, das Eigene und die Welt sind gleichermassen Traum, wir wollen ihn nicht verwechseln mit der Wirklichkeit.

Dort, wo die Liebe als Lebensquell mich nährt, halte ich mich immer länger als an anderen Orten auf, weil ich das Leben mehr ersehne als den Tod. Jede Liebe öffnet geistige Räume und aus ihnen tritt wahre Selbst-Erkenntnis uns entgegen. Jede

---

* Der Mensch verschliesst sich diese Pforten, wenn er in der Liebe bloss reflektierte Eigenliebe sieht; wenn er das Leid als ungerecht empfindet; wenn er die Weisheit mit der eigenen Meinung und die Kunst mit dem eigenen Geschmack verwechselt.

** *Uns're Freuden, uns're Leiden, alles eines Irrlichts Spiel!* Aus Franz Schubert, Winterreise, Irrlicht.

DIE LIEBE IM EIGENEN

Liebe, die nicht vom Eigenen erstickt wird, ist ein Hinreifen zu Gott.

Wer viel geliebt hat, dem wird viel vergeben,[17] und wer viel geliebt hat, weiss, dass ihm überall und in tausend Gestaltungen immer die gleiche Liebe begegnet! In der Liebe – wie Sie schon gelesen haben – erkennt die Liebe immer die Liebe, und das ist für das Eigene weder einfach noch auch lange auszuhalten. Das Eigene will sein Recht und seine Teilnahme am eigenen Wünschen und Sorgen in der Welt. Und das ist auch wichtig und richtig, denn wie sonst würde das Leid es zur Liebe führen?

Doch gilt es, das Eigene – das haben wir weiter oben schon angedeutet – einer Hierarchie zu unterstellen, in der die Liebe regiert. Die Liebe ist sein wahres Wesen, und deshalb sucht das Eigene unausgesetzt nach ihr – die doch in ihm selber ist! Haben wir das nicht auch schon geschrieben, ganz am Anfang?

In dem Masse wie sich das Licht im Menschen – sein Bewusstsein, sein Denken und sein Wille – mit der Finsternis verbindet, versinkt es darinnen. Durch die Liebe, die Licht ist, *verwandelt* sich das

DIE LIEBE IM EIGENEN

Eigene und mit ihm die Welt (*); in der Finsternis *verändert* es sich und die Welt. Im Ersten steigt es, im Zweiten kreist es.

Das Eigene will Vieles, weil es Teil ist; die Liebe will Eines, weil sie alles ist. Eigentlich ist das ganze Leben eine Auseinandersetzung des Eigenen mit der Liebe, des Sterblichen mit dem Unsterblichen, des Unglaubens mit dem Glauben, des Unwissens mit der Erkenntnis. Das Eigene, das ist auch die Welt – *meine* Welt, Bildband meiner Erinnerungen und Gedanken. Deshalb ist – wie sie schon gehört – mit der Überwindung des Eigenen auch die Welt überwunden.

Was aber überwindet das Eigene?

Die Liebe!

Du bist, was Du denkst als ein Eigenes; du bist, was Du liebst als ein Liebender.

Das Eigene ward durch die Liebe geschaffen, ihr verdankt es seine Existenz; nun aber beginne es,

---

* *Pygmalion* verliebt sich in die aus Elfenbein gefertigte Statue seines Frauenideals. Gerührt von seiner Liebe erweckt Aphrodite, die Göttin der Liebe, *Galatea* zum Leben. (Ovid, Metamorphosen) Auch *Don Quijote* und seine *Dulcinea* gehören in diesen wundersamen Zusammenhang. (Miguel de Cervantes)

DIE LIEBE IM EIGENEN

im Bewusstsein seiner selbst, sich nach der Liebe auszurichten, und es kehre das Geschaffene zu seinem Schöpfer zurück.

Die Liebe hat das Eigene erkannt, lange bevor das Eigene die Liebe erkennt.

Das Eigene ist die auf ein Eigenes verdichtete Liebe, ein, im grossen Geist zu bewusstem, individuellem Sein kristallisiertes, Liebesbewusstsein. Wenn das Eigene Liebe wird, geschieht in ihm die Auferstehung des Lichtes, die Erleuchtung der Hülle, die Befreiung.

Das Eigene, der Liebe übervoll, entlässt tausend Lichter aus sich heraus und multipliziert sich, Leben zeugend, Licht verbreitend, Segen spendend in die Welt. Der Mensch opfert das Eigene, die sterbende Schale gibt er zurück, nachdem sie ihm erlaubt, in der Liebe Leben zu erfahren, selbst- und weltbewusst zu leben und sich als das zu erkennen, was er ist: Liebe, unsterbliches Leben.

Wir sind als Eigenes eingebunden in die physische und mentale Schale der eigenen Beschränkung, und das Band *und* das Eingebundene ist Liebe, die wir selber sind. Und wir üben: Liebe das Eigene ...

Liebe das Andere ... das Eigene ist Liebe ... das Andere ist Liebe ... die Liebe ist Eines.

Dann erst, lieber Leser, sind Sie von der Liebe ergriffen, wenn Sie lieben! Liebend lieben Sie in der Liebe ihr wahres Sein ... und leben. Ihre Liebe erwacht und ist auch das Geliebte und sind beide eins geworden. Wenn das Eigene in Liebe wirkt, dann wird es heller in der Welt.

Jedes Menschenleben ist die Suche eines Gottes nach sich selbst.

DAS GEHEIMNIS

Nachdem wir im vorigen Kapitel noch einmal rückgeschaut, heben wir jetzt unsere Augen auf zu den Bergen.

Was sehen wir?

Den schon erwähnten Nebelschleier, der züchtig die Spitze des schneeigen Gipfels umhüllt. Ein Schleier ward über das Ziel unseres Weges geworfen und macht es zum Geheimnis. Wenn wir achtsam sind, sehen wir zwar nicht das Verborgene, aber wir erkennen den darüber sich weitenden

DAS GEHEIMNIS

Himmel im Licht der Sonne. Unbeflecktes, gestaltloses, zeitentbundenes Freisein. Was immer das Geheimnis auch sein mag, es ist in Berührung mit dem Himmel. Der Himmel kennt das Geheimnis. Der Himmel, die Wohnstatt der Götter, liebkost in den höchsten Erhebungen der Erde, den weissleuchtenden Gipfeln, die irdische Welt, die Wohnstatt der Menschen.

Das Eigene in der Welt, die Liebe vom Himmel!

Nur mit Flügeln vermögen wir den Himmel zu erreichen. So ist denn die Liebe ein geflügelter Gott. So nähern wir uns jenem Geheimnis, das der Mensch am Ziel seiner Reise finden wird, seines Eigenen Lebens Licht: *die Liebe.*

Von ihr ist er ausgegangen, zu ihr kehrt er zurück. Sie ist *das* Leben, das *seinem* Leben die Heimkehr zu sich selbst ermöglicht.

Die Liebe, wahrlich, ist das Geheimnis.

Das Eigene sucht immer die Liebe, das Lebendige sucht den Lebensquell, um aus ihm zu trinken. Das ist Leben auf Erden. Die Welt eines jeden Menschen – und jeder Mensch ist eine Welt – erbaut sich, mehr oder weniger bewusst, auf dieser Sehnsucht. Vom tiefsten Ort des Sturzes bis zu den Höhen der Heimkehr finden sich unzählbare, immersterbliche

DAS GEHEIMNIS

Welten auf der Himmelsleiter. Alle befinden wir uns auf einer Sprosse der Entschuldung, des Werdens und der Befreiung des Gewesenen. Jedes Kindlein, das geboren wird, ist eine Seele, ein sich entfaltendes Schicksal, das die Voraussetzungen seines Weges in und durch die Welten in sich trägt, den Weg in die Freiheit. Ein mächtiges Wunder.

Lange schon haben die Menschen für mich aufgehört Biographien zu sein, sie sind mir *Seelen* (*), und ihre Persönlichkeiten und ihre Schicksale sind mir Räume, die diese Seelen lebend und leidend und lernend durchwandern. Doch sie gehen nicht allein, denn ihre Gedanken gehen förderlich oder hinderlich an ihrer Seite.

Das Eigene baut am Gefängnis, die Liebe an der Befreiung.

Eines Nachts, als ich schlaflos liegend mein Bewusstsein an der lichtlos schwarzen Decke wandern liess, erfühlte ich plötzlich ein schauervolles Bild. Ein schlafender Körper erwacht in einem fest verschlossenen, begrabenen Sarg. Schweigend und schwer lastet auf ihm die Erde. Finsternis, einge-

---

* Seelen, mehr oder weniger umnachtet vom Wahn des Eigenen.

schlossenes Lebenslicht in der Finsternis. Steigen Sie, lieber Leser, wenn Sie den Mut dazu haben, hinunter in dieses Bild, malen Sie es auf Ihre Weise aus und lauschen Sie Ihren Gefühlen und Ihren Gedanken. Es ist kaum zu ertragen. Und doch taucht die Frage nun auf: Ist nicht gerade dies der Zustand der gefangenen Seele, des eingekörperten Geistes?

Unsere physische Bewegungsfreiheit gibt uns die Illusion des Ungebundenseins, doch dies betrifft nur den gesunden Körper. Krank ist er unbeweglich. Der Geist aber, wie frei ist er und wie beweglich? Sterblich ist das Reich der Körper, unsterblich das Reich des Geistes. Wo aber ist unser Bewusstsein? Wenn das Eingeschlossene sich befreien will, muss das Bewusstsein den Körper mit dem Geiste tauschen, muss es das Eigene zur Liebe führen, denn die einzige Freiheit ist im Geist, dessen Licht und Leben Liebe ist. Vielleicht ist der Tod ein Hinübergleiten des Bewusstseins aus dem irdischen in einen geistigen Zustand, ein Herausfallen aus der Zeit in jenes Stück Ewigkeit, das unserer befreiten Liebeskraft entspricht.

Wir müssen die Liebe befreien, jetzt oder später. Sie ist das Hervorbrechen einer unversiegbaren Quelle, und ihr Wasser fliesst dorthin zurück,

DAS GEHEIMNIS

woher es stammt – ins Meer. Das Wasser ist dann überall gleichzeitig: in der Quelle, im Bach, im Fluss, im Strom und im Meer. (*) So ist das liebende Bewusstsein überall und jenseits aller Körperbindungen und Raumbegrenzungen gegenwärtig.[18] Das Eigene ist zerronnen, *das Bewusstsein* ist Liebe geworden, alles Getrennte ist wieder Eins. Das Verlorene ist heimgekehrt.

Eine, diesem Einssein nahe kommende, Verbundenheit fühlt alle irdische Liebe, wenn sie wünscht, dass nicht nur das Geliebte, sondern auch alle anderen glücklich sein mögen. Es gibt nichts Inspirierenderes als einen liebenden Menschen, und wir ersehnen, dass das Geliebte in aller Freiheit für uns alleine lebe, dass das Geliebte das Einzige sei und für ihn oder sie zu sterben kein Opfer! Hier ist übrigens der Grund der Eifersucht, denn Liebe, da sie *Eins* ist, lässt sich niemals teilen. Doch *die* Liebe, von der wir jetzt gerade schreiben, ist von allen Objekten frei und daher eins mit *allen*! Hier gibt es nichts Begrenztes mehr, nichts Unfreies, nichts Getrenntes. Wir kommen darauf zurück.

---

* Das Bild des *Aufstiegs zum Gipfel* ist hier das *Fliessen ins Meer*. Das Bewusstsein steigt, die Seele fliesst, der Geist *ist*.

DAS GEHEIMNIS

Alles lassen, ausser dem Geliebten, das ist: die Welt überwinden! Solcherart will die Liebe geliebt sein, aus der wir stammen – Gott.

Der Mensch ist nur denkbar als ein gottbezogenes Wesen!

In der Liebe wird die Welt dem Himmel zuliebe, im Eigenen wird der Himmel der Welt zuliebe ‹überwunden›. Aber die Liebe, die im Himmel ist, lässt den Geliebten nicht im Stich, auch der Abtrünnige sehnt sich nach der Liebe.

Würde Gott den Menschen nicht lieben, gäbe es den Menschen nicht. Er ist Liebe, wie Gott Liebe ist.

Früh schon hatte ich gefühlt, wie mich jede Liebesregung, jede Sympathie geistig öffnete, und ich fragte nach der Natur des Eindringenden. Ich suchte zu lieben, was gross war und würdig, damit ich lieben lerne! Ich hatte schon sehr früh bemerkt, dass die erhöhte Seele liebt, die erniedrigte aber begehrt. Aber noch etwas fühle ich: In der Liebe, nämlich, ist es mir, als schuldete ich diese Liebe einem höheren Wesen. Deshalb ist es immer mein Anspruch, dass das Geliebte rein und würdig sei, damit ich die Liebe nicht erniedrige, denn meine Liebe ist Teil der gros-

DAS GEHEIMNIS

sen Liebe und ist in diese eingeschlossen. (*) Mit anderen Worten: Das Liebende berührt mit seinem Sein und Handeln auch das Wesen des Geliebten – darauf haben wir schon hingedeutet. Ist nun aber das Göttliche das, was uns alle liebt, das mit uns eins ist, so berühren wir durch unsere Leben in der Welt, unsere Gesinnung und unsere Taten dieses Göttliche mit Licht oder mit Schatten! Nun, der Schatten kann Ihm nichts anhaben, aber für uns verdunkelt Es sich. Immer berührt geistig das Liebende den Geliebten, wie das Göttliche den Menschen berührt.

Was ist Seine Berührung?

Das Leben! ..., *das das Licht der Menschen ist!*[19]

Das Leben ist schön, wahr und gut. Die Welt und *mein* Leben enthalten alle davon abgeleiteten vergänglichen Verzerrungen bis hin zu hässlich, unwahr und böse. Ein wahrhaft Lebendiger, ein wahrer Mensch ist schön, wahr und gut in allem, was er denkt, sagt und tut.

Aber noch etwas ist mir als Liebender aufgefallen. Etwas, das ganz im Einklang steht mit dem vorher Gesagten. Liebend, nämlich, erkenne ich im

---

* Geld zu lieben oder anderen irdischen Besitz, wäre mir als Verrat an der Liebe vorgekommen. Mit Macht und Geld beherrscht man die Welt, mit Liebe überwindet man sie.

anderen immer auch mich selber – eben dieses Licht, das uns alle verbindet – und so rede ich denn und handle, als wäre dieses andere ich selber. Ein merkwürdiger Gedanke, ich weiss; denken Sie, lieber Leser, trotzdem darüber nach. Sehr nahe bin ich dann den Menschen, und erst wenn das Eigene des anderen sich eigennützig dazwischen schiebt, ziehe ich mich zurück.

Ich bin sicher: Die uns Menschen auferlegte Botschaft ist die Liebe. Wir schulden sie einander, weil wir Teile voneinander sind und in geheimnisvoller Einheit eins![20] Die Liebe ist es, die die Dinge im Innersten zusammenhält.

Ich dränge mich dem Geliebten niemals auf, ich öffne mich nur, um das Geliebte in mich einzulassen; wenn es fliesst, nimmt die Kraft der Liebe zu und mein Eigenes wird durchlichtet. Lichtdurchdrungen wird die Hülle und nach oben ausgerichtet, weil das Licht von oben kommt.

In der Liebe des Geliebten sieht der Liebende ein göttliches Kind!

Die Liebe ist der Schlüssel, nicht die Form des Geliebten; die Kraft ist der Schlüssel, nicht ihr

DAS GEHEIMNIS

Träger. Die Liebe, die an ein Objekt gebunden ist, ist nicht frei. Weil sie an etwas Sterblichem haftet, wird sie mit diesem und durch dieses leiden und vergehen. Die Liebe ist hier mit Schmerz verbunden und Begrenzung. Das Leben aber will grenzenlos sein, Freiheit ist des Geistes Leben (*), grenzenlos lieben die Sehnsucht des Herzens. Noch einmal: Freiheit ist der Liebe höchste Gabe.

So suche ich nach dem Geheimnis der objektlosen Liebe, ich könnte genauso gut sagen, nach dem wahren Leben. (**) Die wahre Liebe befreit uns von der Form, die sie inspiriert. In solcher Liebe gehört man keinem Menschen mehr, nur noch der Liebe und damit allen Wesen. Durch alle Seiten dieses Buches weht die Erkenntnis: Die Liebe ist das Göttliche in uns. Den Nächsten lieben wie sich selbst, heisst jetzt: Das Eigene liebt das Göttliche, das ich selber als lebendiges Wesen bin! ... und das auch mein Bruder in seinem wahren Wesen ist!

---

* *Geh hin auf freiem Wege ..., wohin der freie Geist dich führt* Alexander Puschkin.
** Objektlose Liebe, das ist Liebe*sein*, das ist gleichbedeutend mit Enthaftung, mit Weltüberwindung und mit: *Dein Wille geschehe.* Diese Liebe ist das Leben, das sich in jedem Bild, in jedem Ding verbirgt: ewiges Sein. Freiheit!

DAS GEHEIMNIS

Das *Urbegehren* des Eigenen – wie wir weiter oben aufgeführt – ist es, geliebt zu werden in seinem Kleinsein, unvergessen von dem Grossen, von dem es sich getrennt! Das *Urbedürfnis* der Liebe aber ist es, sich zu verschenken! So verstehen wir den Satz:

Gott sei Dank, dass uns liebt, von dem wir uns getrennt!

Weil das Objektlose, das Namenlose, das Bildlose uns liebt, leben wir. Wenn wir dieses lieben, so erleben wir dieses Leben in unserem Bewusstsein als ein Stück von uns selbst. Daher liebe ich das Unnennbare, das Mysterium des Himmels, von dem ich oben geredet. Und immer dann, wenn eine Liebe in der Welt mich enttäuscht, belebt und erfrischt mich die Liebe zur Kunst und zur Natur und zur Weisheit, in welcher Form auch immer.

Ein anderes noch ist mir aufgefallen: Wenn ich ohne Erinnerung bin, keiner Objekte mich entsinne und keiner Ereignisse, dann ist die Liebe besonders lebendig. Sie bleibt in mir und zerfällt nicht mit der Welt in Stücke.

Das *Eigene* in der Welt muss der *Liebe* sich öffnen, damit die Liebe das Eigene erhebe. Mit anderen Worten:

Mit der Liebe im Eigenen das Eigene liebend

DAS GEHEIMNIS

überwinden, auf dass die grosse Liebe beide vereine. In solcher Liebe kann man nichts anderes mehr begehren, weil kein *anderes* mehr ist. Wenn das Objekt sich auflöst, gibt es kein Subjekt mehr, nur noch Bewusstsein ... jenseits von Zeit, Sünde und Tod.

Die wahre Eigenliebe, das ist der Mensch in seiner Gottbezogenheit.

Die *Eigenliebe* leuchtet in allen Menschen und in allen Schattierungen, immer bezogen auf ihre mehr oder weniger lebendige Liebesfähigkeit. Einmal, in einer gesegneten Stunde, werden das Eigene *und* die Liebe nur noch Liebe sein. Dann nämlich, wenn das Eigene, sterbend von der unsterblichen Liebe, in die Unsterblichkeit erhoben wird, um, wie die *Dioskuren* (*), am Himmel zu leuchten.

Der Mensch auf der Erde ist für den Himmel geboren!

Das Eigene in der Welt muss die Liebe befreien, damit die freigewordene Liebe das Eigene erlöse. So befreit das Unsterbliche das Sterbliche aus den Banden des Todes.

---

* grch. *dios koroi*, Kinder Gottes, der *sterbliche* Castor und der *unsterbliche* Polydeukes (lat. Pollux), die himmlischen Zwillinge, Söhne des Lichtes.

Doch wir wollen nicht ausser Acht lassen, dass solche Liebe an die Grenzen des Eigenen führt und den Schrecken der Auflösung in sich schliesst. Es ist der Schauer der Unendlichkeit, der Abgrund hinter unserer mental begrenzten Welt. Natürlicherweise fürchtet das Irdische das Überirdische. Auch die Schönheit und die Wahrheit können schrecklich sein, erschütternd, denn sie verbrennen mit dem Feuer der Liebe die Ichheit und alle Beschränktheit des Eigenen. Die Wahrheit ist der Tod des Irrtums, die Liebe vernichtet das Lieblose, das Licht besiegt die Finsternis; und wenn das Feuer des Himmels sich nähert, vernehmen wir das tröstliche Wort des *angelos*, des Botschafters aus dem Reich des Lichtes und der Liebe: *Fürchtet Euch nicht*.

Wenn die Finsternis das Licht ergreift, befreit das Licht die Finsternis!

Nicht mehr liebt ein Eigenes ein Eigenes, sondern die Liebe erkennt sich selbst. Es steht geschrieben über dem Tempel zu Delphi:

Erkenne dich selbst, und du wirst Gott und das Universum erkennen.

DAS GEHEIMNIS

Dich selbst! ..., nicht das vorübergehende Eigene, sondern das, was Du als Liebender bist ... ein unsterblicher Gott.[21]

> *... ist es nicht Zeit, dass wir liebend*
> *uns vom Geliebten befreien und es bebend bestehen:*
> *wie der Pfeil die Sehne besteht, um gesammelt im Absprung*
> *mehr zu sein als er selbst. Denn bleiben ist nirgends.*
>
> R.M. RILKE, 1. DUINESER ELEGIE

NACHWEIS DER ZITATE

Seite 15   Gebet des Heiligen Bruder Klaus, Niklaus von der Flüe:
Mein Herr und mein Gott, nimm alles von mir, was mich hindert zu Dir.
Mein Herr und mein Gott, gib alles mir, was mich fördert zu Dir.
Mein Herr und mein Gott, nimm mich mir und gib mich ganz zu eigen Dir.

Seite 15   Lukas 10, 27

Seite 15   Lukas 10, 27

Seite 16   Die Traktate des Corpus Hermeticum, / Übersetzt und kommentiert von Maria M. Miller Novalis Verlag, Schaffhausen 2004
Asklepius
So bildet der Schöpfer den Menschen aus Geist und Körper, aus einer ewigen und einer sterblichen Natur ... denn hätte er nicht zwei Naturen in sich, so könnte er auch seiner zweifachen Aufgabe nicht gerecht werden. So ist er aus Geist und Stoff gebildet, um das Irdische

NACHWEIS DER ZITATE

zu betreuen und das Göttliche in Freiheit zu lieben.

Seite 19   Speculativa philosophia von Dorneus; cit. in C. G. Jung, Mysterium Coniunctionis Bd. II, Rascher Verlag, Zürich 1956
Das Wahre aber ist das, an dem nichts fehlen, zu dem nichts hinzutreten und dem noch viel weniger etwas entgegenstehen kann; so ist die Wahrheit die höchste Kraft (virtus)

Seite 24   R.M. Rilke / Gesammelte Werke 3. Teil, Insel Verlag, Leipzig 1927
Der Panther (Im Jardin des Plantes, Paris)

Sein Blick ist vom Vorübergehn der Stäbe
so müd geworden, dass er nichts mehr hält.
Ihm ist, als ob es tausend Stäbe gäbe
und hinter tausend Stäben keine Welt.

Der weiche Gang geschmeidig starker Schritte,
der sich im allerkleinsten Kreise dreht,
ist wie ein Tanz von Kraft um eine Mitte,
in der betäubt ein grosser Wille steht.

Nur manchmal schiebt der Vorhang der Pupille
sich lautlos auf – Dann geht ein Bild hinein,
geht durch der Glieder angespannte Stille –
und hört im Herzen auf zu sein.

NACHWEIS DER ZITATE

Seite 29　　Friedrich Hölderlin, zitiert in Deutsche Literaturgeschichte von Fritz Martini, S. 303, Alfred Kröner Verlag, Stuttgart 1991
O Seele! Seele! Schönheit der Welt! Du Unzerstörbare! Du Entzückende! Mit deiner ewigen Jugend! Du bist; was ist denn der Tod und alles Wehe der Menschen? – Ach! viel der leeren Worte haben die Wunderlichen gemacht. Es geschieht doch alles aus Lust und endet doch alles mit Frieden. Wie der Zwist der Liebenden sind die Dissonanzen der Welt. Versöhnung ist mitten im Streit und alles Getrennte findet sich wieder. Es scheiden und kehren im Herzen die Adern, und einiges, ewiges, glühendes Leben ist Alles.

Seite 39　　Corpus Hermeticum, op. cit. Exzerpt XVIII
Wir haben die Wahl, es steht bei uns, das Bessere zu wählen oder auch das Schlechtere.
Aber wählen wir das Böse, dann sind wir nicht mehr frei. Denn die Wahl, die sich für das Böse entschieden hat, bindet uns enger an die Natur des Körpers, und dadurch bekommt das Schicksal Gewalt über den, der so gewählt hat. Da nun das Geistwesen in uns frei ist, bleibt es sich immer gleich und wird vom Schicksal nicht berührt.
Die Seele aber, die Gemeinschaft hat mit dem Gewordenen, nimmt auch Teil an seinem

Schicksal, obwohl sie nicht Teil hat an seiner Natur.
Exzerpt 11.20
Das Gute geschieht in Freiheit, das Böse in Unfreiheit.

Franz Werfel, Zwischen Oben und Unten S. 213, Bergmann-Fischer Verlag, Stockholm 1946
Die letzte Entscheidung über Glaube oder Unglaube eines Menschen liegt in zwei Fragen begründet: Darf ich mich für Gottes Ebenbild erachten – oder muss ich Gott für mein Ebenbild halten?

Seite 39   *Narkissos,* der die Liebe verschmähte, wurde von Nemesis dazu verurteilt, sein Spiegelbild in einem Teich des Berges Helikon anzusehen. Je länger er dies betrachtete, desto mehr verliebte er sich in sich selbst, schwand dahin und starb und ward von den Göttern in eine Narzisse verwandelt.

Seite 42   Corpus Hermeticum, op.cit.X, 20
Das grösste Unglück ist, das Göttliche nicht zu kennen. Dagegen die Kraft aufbringen, es zu erkennen, zu wollen, zu erhoffen – dies ist der gerade und eigentliche Weg zum Guten.

NACHWEIS DER ZITATE

Seite 56   *Wes das Herz voll ist, des geht der Mund über.*
Lukas 6,45
Denn wo euer Schatz ist, da ist auch euer Herz. Matthäus 6,21

Seite 92   Corpus Hermeticum, op.cit. Asklepios 13
Die Weltordnung vereinigt alle Wesen in kunstvollem Aufbau zu einem einzigen Ganzen und bringt so die Harmonie hervor, deren himmlische Melodien wirklicher sind und süsser klingen als Musik auf Erden.

Seite 94   Tagebucheintrag von Anna Grigorjewna-Dostojewski
Es gibt auf der Welt nichts Kostbareres als die Liebe, und es gilt, sich ein für allemal seinen Gott zu erwählen, um ihm sein ganzes Leben hindurch zu dienen. Ich hatte Dostojewski gewählt, als ich zwanzig Jahre zählte. Heute bin ich siebzig und noch immer gehört jeder meiner Gedanken, jede meiner Handlungen ihm. Ich gehöre seinem Gedächtnis, seinem Werk, seinen Kindern, seinen Enkeln, und jedes kleinste Teilchen von ihm ist mir immer ein Ganzes. Und nie und nimmer hat es etwas anderes für mich gegeben als diesen Gottesdienst.

Seite 143   Buch der Sprichwörter 1,20 und 8,1-3

NACHWEIS DER ZITATE

Seite 157 *Ich bin der Weg, die Wahrheit und das Leben; niemand kommt zum Vater denn durch mich.*
Johannes 14,6

Seite 162 J. W. von Goethe, Faust II, 5. Akt
*Gerettet ist das edle Glied
der Geisterwelt vom Bösen:
Wer immer strebend sich bemüht,
den können wir erlösen.
Und hat an ihm die Liebe gar
von oben teilgenommen,
begegnet ihm die selige Schar
mit herzlichem Willkommen.*

Seite 166 Lukas 7,47

Seite 173 Corpus Hermeticum, op.cit. X,20
Wenn du dich nicht selbst Gott gleichmachst, so kannst du Gott nicht erkennen. Denn nur Gleiches kann Gleiches erkennen. So steigere dich selbst zu unermesslicher Grösse, springe hinaus aus allem, was Körper heisst, erhebe dich über alle Zeit und werde Ewigkeit! Dann wirst du Gott erkennen. Stelle nichts als unmöglich hin in dir selbst, halte dich für unsterblich und imstande, alles zu erkennen, jede Kunst und jede Wissenschaft und die Lebensart aller Geschöpfe. Werde höher als alle Höhe und tiefer als alle Tiefe. Alle Empfindungen des Ge-

NACHWEIS DER ZITATE

schaffenen fasse zusammen in dir selbst, die des Feuers und die des Wassers, die des Trockenen und die des Feuchten. Erkenne, dass du gleichzeitig überall bist auf der Erde, im Meer, im Himmel, ungeboren im Mutterleib, Jüngling, Greis, gestorben, im nachtodlichen Leben. Und wenn du alles dies zugleich und in einem erkennst: Zeiten, Räume, Dinge, Quantitäten, Qualitäten, dann kannst du Gott erkennen.

Seite 175 Johannes 1, 4-5
*… und das Leben war das Licht der Menschen.
Und das Licht scheint in der Finsternis
und die Finsternis hat's nicht ergriffen.*

Römer 11,36
Denn von Ihm und durch Ihn und zu Ihm sind alle Dinge.

Offenbarung 4,11
… Denn Du hast alle Dinge geschaffen, und durch Deinen Willen haben sie das Wesen …

Corpus Hermeticum op.cit. XII,23
*Im All ist nichts, was nicht Gott wäre. Darum gibt es nicht Grösse noch Ort, nicht Qualität noch Form oder Zeit ausserhalb Gottes. Er ist alles, Er ist in allem, Er umschliesst alles.
… und V9*

NACHWEIS DER ZITATE

Denn es gibt nichts in der ganzen Welt, was nicht Er ist. Er ist das Sein und das Nichtsein. Das Sein macht Er offenbar, das Nichtsein trägt Er in sich.

Seite 176   1. Korinther 13 und Kolosser 3,14
Die Liebe ist die höchste Geistesgabe und das Band der Vollkommenheit.
Römer 13,8
... nur die Liebe schuldet ihr einander immer.

Seite 181   Pythagoras, Die goldenen Verse, 69-71
Du wirst dich von oben her leiten lassen durch edelste Einsicht, Absicht und geistiges Vermögen.
Wenn du aber den Körper verlässt, mögest du die Freiheit des Äthers erreichen.
Du wirst nicht mehr zu den Sterblichen gehören, du wirst ein unsterblicher Gott sein, herrlich und heilig.

Absichtslos ward diese Arbeit am 6. Januar, am Dreikönigstag (Epiphanie), vollendet. Vielleicht muss auch unser königlich *Eigenes* Gold, Weihrauch und Myrrhe – in ihren vielschichtigen Bedeutungen! – an die Wiege des Lichtes tragen und der *Liebe* schenken.

VOM GLEICHEN AUTOR

Der Mediziner und der Seelenarzt
Initiatische Keime in Leid und Therapie

Jeremias Gotthelf – Ein Rufer in der Wüste
Von der geistigen Botschaft eines grossen Dichters
Mit einem Vorwort der Ur-Urenkelin des Jeremias Gotthelf
Dr. phil. Dr. h.c. Ruth Bietenhard

Diego's Erinnerung
Eine Weihnachtsgeschichte für alle Jahreszeiten
Mit einem Vorwort des französischen Schriftstellers Bernard Clavel

Choreographie des Geistes in der Divina Comedia
Inferno und Purgatorio

Auf der Suche nach der verlorenen Kunst

Vom Gleichen Autor

Roland Marthaler
32 Briefe an meine Kinder (Bd. I)
Ein Plädoyer für den werdenden Menschen
160 Seiten, gebunden
CHF 39.– / Euro 39,00
978-3-7272-7923-2

Vom Gleichen Autor

Roland Marthaler
Homo Ludens (Bd. II)
Eine Studie zur Veredelung des Homo Sapiens
232 Seiten, gebunden
CHF 39.– / Euro 34,00
978-3-7272-1216-1

Vom Gleichen Autor

Roland Marthaler
Im Schatten der Rose (Bd. III)
Fall und Aufstieg der menschlichen Seele
288 Seiten, gebunden
CHF 39.– / Euro 34,00
978-3-7272-1258-1

Vom Gleichen Autor

Roland Marthaler
**Über die Lüge, die Wahrheit,
den Tod und die Liebe** (Bd. IV)
Ecksteine der Philosopie
160 Seiten, gebunden
CHF 39.– / Euro 39,–
978-3-7272-1457-8

Vom Gleichen Autor

Roland Marthaler
Des Alters Trost, Frucht und Freude (Bd. V)
Das Lächeln
160 Seiten, gebunden
CHF 39.– / Euro 39,–
978-3-7272-7908-9

Vom Gleichen Autor

ALS ÜBERSETZER:

Abhandlung über die Wiedereinsetzung der Wesen
von Martinès de Pasqually
Mit einer Einführung des Übersetzers

Der Ruf des Feuers
von René Adolphe Schwaller de Lubicz
Mit einer Einführung des Übersetzers

Die Doktrin
von René A. Schwaller de Lubicz
3 Vorträge an seine Schüler
Mit einer Einführung des Übersetzers

Esoterik und Symbol
von René A. Schwaller de Lubicz
Mit einer Einführung des Übersetzers

ALS ÜBERSETZER UND HERAUSGEBER:

Maître Philippe de Lyon
Zeugnisse und Lehren
Mit einer Einführung des Herausgebers

Vom Gleichen Autor

ALS HERAUSGEBER:

Ungereimte Gedichte
Spuren der Weisheit

Von Verena Reinert-Amrein

Mit einer Einführung des Herausgebers

Lebensfrüchte
Spuren der Weisheit

Von Uwe Gurlt

Mit einer Einführung des Herausgebers